Mikrobangų Keptuvių Knyga 2023

Greitai ir Skaniai Kepkite Mikrobange!

Antanas Brazinskas

Turinys

Sūrio pyragas su vaisių ir riešutų sviestu 14
Konservuotas imbierinis pyragas 15
Konservuotas imbierinis pyragas su apelsinu 16
Medaus pyragas su graikiniais riešutais 17
Imbiero medaus pyragas 18
Tortas su imbiero sirupu 20
Tradiciniai meduoliai 20
Apelsinų meduoliai 22
Kavos abrikosų pyragas 22
Tortas su romu ir ananasais 23
Sotus kalėdinis pyragas 24
Greitas Simnelio pyragas 26
Tortas su sėklomis 27
Paprastas vaisių pyragas 29
Datulių ir riešutų pyragas 30
Morku pyragas 31
Pastarnoko pyragas 32
Moliūgų pyragas 33
Skandinaviškas pyragas su kardamonu 34
Duona su vaisių arbata 36
Viktorijos sumuštinis tortas 37
Riešutų pyragas 38

Carob pyragas 39
Paprastas šokoladinis pyragas 39
Migdolų pyragas 39
Victoria Sandwich Gâteau 40
Arbatos biskvitas darželiui 41
Citrininis biskvitas 42
Oranžinis biskvitas 42
Espreso kavos pyragas 43
Apelsinų ir kavos espreso pyragas 44
Espreso pyragas su kavos kremu 44
Pyragai su razinomis 45
Kokosų pyragaičiai 46
Sausainiai su šokolado gabaliukais 46
Tortas su bananų prieskoniais 47
Bananų prieskonių pyragas su ananasų glaistu 48
Sviesto glajus 48
Šokoladinis glajus 49
Vaisių sveikatos pleištai 50
Sveikatos vaisiai su vaisiais su abrikosais 51
Traškus pyragas 51
Itin traškus pyragas 52
Itin lygi trapi tešla 52
Aštrūs trapios tešlos pyragaičiai 52
Olandiško stiliaus trapios tešlos pyragas 52
Cinamono rutuliukai 53
Spaudžia auksinį brendį 54
Šnapsas iš šokoladinio brendžio 55

Bandelių paplotėliai	56
Paplotėliai su razinomis	57
duonos	57
Pagrindinė tešla baltai duonai	58
Pagrindinė tešla rudai duonai	59
Bazinė duonos tešla su pienu	59
Bap Loaf	60
Bap Rolls	60
Hamburgerinės bandelės	61
Sweet Bap Rolls su vaisiais	61
Kornvalio padalijimas	61
Išgalvoti ritinėliai	62
Rulonai su priedais	63
Duona su kmynais	63
ruginė duona	64
Duona su aliejumi	64
Itališka duona	64
Ispaniška duona	65
Tikka Masala duona	65
Salyklo duona su vaisiais	66
Airiška sodos duona	68
Sodos duona su sėlenomis	69
Atgaivinti seną duoną	69
Graikiška pitta	70
Želetos vyšnios uoste	70
Želė vyšnios obuolių sidre	71
Virtas ananasas	72

Virti Sharon vaisiai 73
Virti persikai 73
Rožinės kriaušės 74
Kalėdų pudingas 75
Sviestinis slyvų pudingas 76
Slyvų pudingas su aliejumi 76
Vaisių suflė stiklinėse 77
Beveik greitas kalėdinis pudingas 78
Itin vaisingas kalėdinis pudingas 80
Slyvų trupinys 82
Truputis slyvų ir obuolių 82
Abrikosų trupinys 83
Uogų trupiniai su migdolais 83
Kriaušių ir rabarbarų trupiniai 83
Nektarinų ir mėlynių trupiniai 83
Apple Betty 84
Nektarinas arba persikas Betty 85
Artimųjų Rytų pudingas su graikiniais riešutais 86
Vasaros vaisių kokteilis 87
Artimųjų Rytų datulių ir bananų mišinys 88
Mišrios džiovintų vaisių salotos 89
Saldus obuolių ir gervuogių pudingas 90
Citrininis braškių pudingas 91
Citrinų ir aviečių pudingas 92
Vartojamas abrikosų ir riešutų pudingas 93
Bananas Foster 95
Misisipės prieskonių pyragas 96

Jamaikos pudingas ... 98
Moliūgų pyragas ... 99
Avižų sirupo pyragas ... 101
Kokosinio biskvito keptuvė ... 102
Paprastas Bakewell pyragas ... 103
Trapus maltos mėsos pyragas ... 104
Duonos ir sviesto pudingas ... 106
Citrinų varškės duona ir sviestinis pudingas ... 107
Keptas kiaušinių kremas ... 108
Manų kruopų pudingas ... 109
Maltų ryžių pudingas ... 109
Garuose virtas melasos pudingas ... 110
Marmeladas arba medaus pudingas ... 111
Imbiero pudingas ... 111
Pudingas su uogiene ... 111
Citrininis pudingas ... 112
Blynai Suzette ... 113
Kepti obuoliai ... 114
Troškinta jautiena ir daržovės ... 115
Jautienos troškinys ... 116
Jautienos ir daržovių karštas puodas ... 117
Jautienos karis ... 118
Pagrindinė malta mėsa ... 119
Kotedžo pyragas ... 120
Šviežias pyragas su sūriu ... 120
Malta mėsa su avižomis ... 121
Chilli con carne ... 121

Malta mėsa karyje 122
Jautienos troškinys 123
Jautienos troškinys su virtomis bulvėmis 124
Sviesto pupelės ir jautienos troškinys su pomidorais 124
Jautienos ir pomidorų pyragas 125
Kebabai iš jautienos ir grybų 126
Įdaryta aviena 128
Ant grotelių kepti avienos kebabai 129
Klasikiniai avienos kebabai 130
Artimųjų Rytų ėriena su vaisiais 131
Netikras airiškas troškinys 132
Ūkininko žmonos avienos kotletai 133
Lamb Hot-pot 134
Avienos kepalas su mėtomis ir rozmarinais 135
Lamb Bredie su pomidorais 136
Avinėlis biryani 137
Papuoštas Biryani 138
Mousaka 139
Moussaka su bulvėmis 140
Greita musaka 141
Malta ėriena 142
piemenų pyragas 143
Kaimo kepenėlės raudoname vyne 143
Kepenys ir šoninė 144
Kepenys ir šoninė su obuoliu 145
Inkstai raudoname vyne su brendžiu 146
Elnienos kepsniai su austrėmis ir pelėsiniu sūriu 148

Mažų makaronų virimas *149*

Kiniškos makaronų ir grybų salotos su graikiniais riešutais *149*

Pipiriniai makaronai *150*

Šeimos makaronai ir sūris *151*

Klasikiniai makaronai ir sūris *152*

Makaronai ir sūris su stiltonu *153*

Makaronai ir sūris su šonine *154*

Makaronai ir sūris su pomidorais *154*

Spagečiai Carbonara *154*

Picos stiliaus makaronai ir sūris *155*

Spagečių kremas su svogūnais *157*

Bolognese spagečiai *157*

Spagečiai su kalakutienos bolognese padažu *158*

Spagečiai su Ragu padažu *159*

Spagečiai su sviestu *161*

Makaronai su česnaku *162*

Spagečiai su jautiena ir Bolonijos padažu iš daržovių mišinių *163*

Spagečiai su mėsos padažu ir grietinėle *164*

Spagečiai su Marsala mėsos padažu *164*

Makaronai alla Marinara *165*

Matricianos makaronai *166*

Makaronai su tunu ir kaparėliais *167*

Makaronai Napoletana *168*

Makaronai Pizzaiola *169*

Makaronai su žirneliais *169*

Makaronai su vištienos kepenėlių padažu *169*

Makaronai su ančiuviais *170*

Ravioliai su padažu 170
Tortellini 171
Lazanija 172
Pica Napoletana 173
Pica Margherita 174
Jūros gėrybių pica 174
Pica Siciliana 174
Pica su grybais 174
Pica su kumpiu ir ananasais 175
Pepperoni pica 175
Migdolų drožlės su sviestu 176
Susmulkinti migdolai česnakiniame svieste 176
Džiovinti kaštonai 176
Džiovinimo žolelės 177
Traškūs džiūvėsėliai 178
Mėsainiai su riešutais 179
Nutkin tortas 180
Grikiai 181
bulgarų 182
Bulgariškas su keptais svogūnais 183
Tabula 184
Sultonos salotos 185
po truputį 186
Manų kruopos 187
Gnocchi alla Romana 188
Gnocchi su kumpiu 189
Soros 190

Polenta *191*

Ant grotelių kepta polenta *192*

Polenta su pesto *192*

Polenta su saulėje džiovintais pomidorais arba alyvuogių pasta. *192*

quinoa *193*

Rumuniška polenta *194*

Languoti ryžiai *195*

Šviežio sūrio ir ryžių troškinys *196*

Itališkas rizotas *197*

Grybų rizotas *198*

Braziliški ryžiai *198*

Ispaniški ryžiai *199*

Paprastas turkiškas plovas *200*

Turtingas turkiškas plovas *201*

Tailandietiški ryžiai su citrinžole, laimo lapais ir kokosu *202*

Okra su kopūstais *204*

Raudonasis kopūstas su obuoliu *205*

Raudonieji kopūstai su vynu *207*

Norvegiški rauginti kopūstai *207*

Troškinta okra su pomidorais, graikišku stiliumi *208*

Žalumynai su pomidorais, svogūnais ir žemės riešutų sviestu *209*

Saldžiarūgštis burokėlių kremas *210*

Burokėliai apelsinų spalvos *211*

Salierai su lukštais *212*

Salierai su apelsinų olandų padažu *213*

Lieknina daržovių puodą *214*

Lieknina daržovių puodą su kiaušiniais *214*

Troškinys *215*
Karamelizuoti pastarnokai *216*
Pastarnokas su kiaušinių padažu ir trupintu sviestu *217*
Fondiu *218*
Lengvas sūrio ir pomidorų fondiu *218*
Lengvas sūrio ir salierų fondiu *219*
Itališkas sūris, grietinėlė ir kiaušinių fondiu *220*
Fondu olandų ūkyje *221*
Fermos fondu su spyriu *222*

Sūrio pyragas su vaisių ir riešutų sviestu

Tarnauja 8-10

Žemyninio stiliaus sūrio pyragas, kokį rastumėte kokybiškoje konditerijoje.

45 ml/3 šaukštai pjaustytų migdolų
75 g / 3 uncijos / 2/3 puodelio sviesto
175 g/6 uncijos/1½ puodelio avižų krekerių (sausainių) arba virškinimą gerinančių krekerių (greimo krekerių) trupinių
450 g/1 svaras/2 puodeliai varškės (glotnios varškės), kambario temperatūroje
125 g/4 uncijos/½ puodelio granuliuoto (labai smulkaus) cukraus
15 ml/1 valgomasis šaukštas kukurūzų miltų (kukurūzų krakmolas)
3 kiaušiniai, virtuvės temperatūros, išplakti
½ šviežių laimo arba citrinos sultys
30 ml/2 šaukštai razinų

Sudėkite migdolus į lėkštę ir neuždengę paskrudinkite ant „Full" 2–3 minutes. Sviestą, neuždengtą, ištirpinkite atitirpinant 2–2,5 minutės. 20 cm/8 skersmens indą kruopščiai ištepkite sviestu, o pagrindą ir šonus padenkite sausainių trupiniais. Sūrį sutrinkite su visais likusiais ingredientais ir įmaišykite migdolus bei lydytą sviestą. Tolygiai paskirstykite ant biskvito trupinių ir lengvai uždenkite virtuviniu popieriumi. Kepkite ant Atšildymo 24 minutes, keturis kartus apversdami keptuvę. Išimkite iš mikrobangų krosnelės ir palikite atvėsti. Prieš pjaustydami atvėsinkite mažiausiai 6 valandas.

Konservuotas imbierinis pyragas

Tarnauja 8

225 g/8 uncijos/2 puodeliai savaime kylančių (savaime kylančių) miltų
10 ml/2 arb. sumaišytų (obuolių pyrago) prieskonių
125 g/4 uncijos/½ puodelio sviesto arba margarino, kambario temperatūros
125 g/4 uncijos/½ puodelio šviesiai minkšto rudojo cukraus
100 g/4 uncijos/1 puodelis susmulkinto konservuoto imbiero sirupe
2 kiaušiniai, sumušti
75 ml/5 šaukštai šalto pieno
Cukraus pudra (konditerinis), pabarstymui

20 cm/8 skersmens suflė indą ar panašų indą plokščiais kraštais gerai išklokite maistine plėvele (plastikine plėvele), kad ji šiek tiek kabėtų per kraštą. Miltus ir prieskonius persijokite į dubenį. Smulkiai įtrinkite sviestą arba margariną. Sumaišykite šakute cukrų ir imbierą, įsitikinkite, kad jie tolygiai pasiskirsto. Sumaišykite į minkštą mišinį su kiaušiniais ir pienu. Kai jis tolygiai susimaišys, sudėkite šaukštu į paruoštą indą ir lengvai uždenkite virtuviniu popieriumi. Kepkite pilnoje temperatūroje 6½–7½ min., kol pyragas gerai iškils ir ims kauptis iš šonų. Leiskite pastovėti 15 minučių. Perkelkite ant grotelių, laikančių maistinę plėvelę. Atvėsusį vyniotinį nuplėškite ir pyragą laikykite sandariame inde. Prieš patiekdami pabarstykite cukraus pudra.

Konservuotas imbierinis pyragas su apelsinu

Tarnauja 8

Paruoškite kaip konservuotą imbierinį pyragą, bet pridėkite stambiai tarkuotą 1 mažo apelsino žievelę su kiaušiniais ir pienu.

Medaus pyragas su graikiniais riešutais

Tarnauja 8-10

Torto žvaigždė, kupina saldumo ir šviesos. Jis yra graikų kilmės, kur žinomas kaip karitopitta. Valgymo pabaigoje patiekite su kava.

Dėl pagrindo:

100 g/3½ uncijos/½ puodelio sviesto, kambario temperatūros

175 g/6 uncijos/¾ puodelio šviesiai minkšto rudojo cukraus

4 kiaušiniai, virtuvės temperatūros

5 ml/1 arbatinis šaukštelis vanilės esencijos (ekstraktas)

10 ml/2 arbatiniai šaukšteliai kepimo sodos (kepimo soda)

10 ml/2 arbatiniai šaukšteliai kepimo miltelių

5 ml/1 arbatinis šaukštelis malto cinamono

75 g/3 uncijos/¾ puodelio paprastų (universalių) miltų

75 g/3 uncijos/¾ puodelio kukurūzų miltų (kukurūzų krakmolo)

100 g / 3½ uncijos / 1 puodelis pjaustytų (supjaustytų) migdolų

Sirupui:

200 ml / 7 fl uncijos / šiek tiek 1 puodelis šilto vandens

60 ml/4 šaukštai tamsiai minkšto rudojo cukraus

5 cm/2 cinamono lazdelės gabalėlyje

5 ml/1 arbatinis šaukštelis citrinos sulčių

150 g / 5 uncijos / 2/3 puodelio skaidraus tamsaus medaus

Papuošimui:

60 ml/4 šaukštai susmulkintų riešutų mišinio

30 ml/2 šaukštai tamsaus gryno medaus

Norėdami pagaminti pagrindą, 18 cm/7 skersmens suflė indo dugną ir šonus gerai išklokite maistine plėvele (plastikine plėvele), kad ji šiek tiek kabėtų per kraštą. Visus ingredientus, išskyrus migdolus, sudėkite į universalaus procesoriaus dubenį ir įjunkite aparatą, kol masė taps vienalytė. Trumpai suberkite migdolus, kad jie per daug nesuskiltų. Gautą masę paskleiskite į paruoštą indą ir lengvai uždenkite virtuviniu popieriumi. Kepkite ant visos ugnies 8 minutes, du kartus apversdami keptuvę, kol pyragas pakils, o viršus pasidarys mažomis oro kišenėmis. Palikite 5 minutes pailsėti, tada apverskite į negilų serviravimo indą ir nuimkite maistinę plėvelę.

Norėdami pagaminti sirupą, visus ingredientus sudėkite į ąsotį ir neuždengę virkite ant visos ugnies 5-6 minutes arba kol mišinys pradės burbuliuoti. Atidžiai stebėkite, ar nepradėtų virti. Palikite pastovėti 2 minutes, tada švelniai pamaišykite mediniu šaukštu, kad ingredientai tolygiai susimaišytų. Lėtai užpilkite ant pyrago, kol visas skystis susigers. Mažame dubenyje sumaišykite graikinius riešutus ir medų. Kaitinkite neuždengtą ant viso 1½ minutės. Užtepkite arba šaukštu užtepkite pyrago viršų.

Imbiero medaus pyragas

Tarnauja 10-12 val

45 ml/3 šaukštai apelsinų marmelado

225 g / 8 uncijos / 1 puodelis skaidraus tamsaus medaus

2 kiaušiniai

125 ml / 4 fl uncijos / ½ puodelio kukurūzų arba saulėgrąžų aliejaus

150 ml / ¼ pt / 2/3 puodelio šilto vandens

250 g / 9 uncijos / didelis 2 puodeliai savaime kylančių (savaime kylančių) miltų

5 ml/1 arbatinis šaukštelis kepimo sodos (kepimo soda)

3 arbatinius šaukštelius malto imbiero

10 ml/2 arbatiniai šaukšteliai maltų kvapiųjų pipirų

5 ml/1 arbatinis šaukštelis malto cinamono

Gilų 1,75 kv./3 pt/7½ puodelio suflė indą išklokite maistine plėvele (plastikine plėvele), kad ji šiek tiek kabėtų virš krašto. Marmeladą, medų, kiaušinius, aliejų ir vandenį sudėkite į universalų trintuvą ir sutrinkite iki vientisos masės, tada išjunkite. Išsijokite visus likusius ingredientus ir supilkite į procesoriaus dubenį. Įjunkite mašiną, kol mišinys gerai susimaišys. Šaukštu supilkite į paruoštą indą ir lengvai uždenkite virtuviniu popieriumi. Kepkite pilnoje temperatūroje 10-10½ minučių, kol pyragas gerai iškils ir viršus pasidengs mažytėmis oro skylutėmis. Leiskite beveik visiškai atvėsti dubenyje, tada perkelkite ant grotelių, laikančių maistinę plėvelę. Atsargiai nulupkite maistinę plėvelę ir palikite, kol ji visiškai atvės. Prieš pjaustydami 1 dieną laikykite sandariame inde.

Tortas su imbiero sirupu

Tarnauja 10-12 val

Paruoškite kaip medaus imbiero pyragą, bet medų pakeiskite auksiniu (šviesiu kukurūzų) sirupu.

Tradiciniai meduoliai

Tarnauja 8-10

Geriausias žiemos pasakojimas, būtinas Helovino ir Guy Fawkes vakarui.

175 g/6 uncijos/1½ puodelio paprastų (universalių) miltų
15 ml/1 valgomasis šaukštas malto imbiero
5 ml/1 arbatinis šaukštelis maltų kvapiųjų pipirų
10 ml/2 arbatiniai šaukšteliai kepimo sodos (kepimo soda)
125 g/4 uncijos/1/3 puodelio auksinio (šviesaus kukurūzų) sirupo
25 ml/1½ šaukšto juodosios melasos (melasos)
30 ml/2 šaukštai tamsiai minkšto rudojo cukraus
45 ml/3 šaukštai taukų arba baltųjų riebalų kepimui (smaj)
1 didelis kiaušinis, sumuštas
60 ml/4 šaukštai šalto pieno

15 cm/6 skersmens suflė indo dugną ir šonus sandariai išklokite maistine plėvele (plastikine plėvele), kad ji šiek tiek kabėtų per kraštą. Į dubenį persijokite miltus, imbierą, kvapiuosius pipirus ir kepimo soda. Į kitą dubenį supilkite sirupą, melasą, cukrų ir riebalus ir neuždengę kaitinkite pilnoje temperatūroje 2½–3 minutes, kol riebalai

išsilydys. Gerai išmaišykite, kad susimaišytų. Šakute įmaišykite sausus ingredientus su kiaušiniu ir pienu. Kai gerai sumaišys, perkelkite į paruoštą indą ir šiek tiek uždenkite virtuviniu popieriumi. Virkite ant visos ugnies 3-4 minutes, kol meduolis gerai pakils, o viršuje bus šiek tiek blizgesio. Leiskite pastovėti 10 minučių. Perkelkite ant grotelių, laikančių maistinę plėvelę. Nulupkite lipnią foliją ir prieš pjaustydami meduolius laikykite sandariame inde 1-2 dienas.

Apelsinų meduoliai

Tarnauja 8-10

Paruoškite kaip tradicinius meduolius, bet suberkite smulkiai tarkuotą 1 mažo apelsino žievelę su kiaušiniu ir pienu.

Kavos abrikosų pyragas

Tarnauja 8

4 digestive sausainiai (graham krekeriai), smulkiai sutrupinti
225 g/8 uncijos/1 puodelis sviesto arba margarino, kambario temperatūros
225 g/8 uncijos/1 puodelis tamsiai minkšto rudojo cukraus
4 kiaušiniai, virtuvės temperatūros
225 g/8 uncijos/2 puodeliai savaime kylančių (savaime kylančių) miltų
75 ml/5 šaukštai kavos ir cikorijos esencijos (ekstraktas)
425 g/14 oz/1 didelės skardinės abrikosų pusės, nusausintos
300 ml/½ pt/1¼ puodelio dvigubos (tirštos) grietinėlės
90 ml/6 a.š. pjaustytų (smulkintų) migdolų, skrudintų

Dvi 20 cm/8 colių skersmens negilias keptuves ištepkite tirpintu sviestu, tada dugną ir šonus išklokite sausainių trupiniais. Sviestą arba margariną ir cukrų išmaišykite iki šviesios ir purios masės. Įmuškite po vieną kiaušinį, į kiekvieną įpildami po 15 ml/1 šaukštą miltų. Pakaitomis įmaišykite likusius miltus su 45 ml/3 šaukštais kavos esencijos. Tolygiai paskirstykite paruoštuose induose ir uždenkite virtuviniu popieriumi. Virkite po vieną ant visos ugnies 5 minutes.

Palikite atvėsti keptuvėse 5 minutes, tada apverskite ant grotelių. Susmulkinkite tris abrikosus, o likusius atidėkite į šalį. Grietinėlę išplakti su likusia kavos esencija iki tirštos masės. Išimkite maždaug ketvirtadalį grietinėlės ir įmaišykite susmulkintus abrikosus. Naudokite pyragams sujungti. Viršų ir šonus aptepkite likusiu kremu.

Tortas su romu ir ananasais

Tarnauja 8

Paruoškite kaip pyragą su kava ir abrikosais, bet abrikosus praleiskite. Grietinėlę gardinkite 30 ml/2 šaukštais tamsaus romo, o ne kavos esencijos (ekstrakto). Sumaišykite 2 susmulkintus konservuotų ananasų žiedus į tris ketvirtadalius grietinėlės ir naudokite sumuštiniams sausainiams. Viršų ir šonus aptepkite likusiu kremu ir papuoškite per pusę perpjautais ananasų žiedeliais. Jei norite, kepkite su žaliomis ir geltonomis glacé (cukruotomis) vyšniomis.

Sotus kalėdinis pyragas

Gamina 1 didelės šeimos tortą

Prabangus pyragas, kupinas Kalėdų gausos ir gerai aprūpintas alkoholiu. Laikykite paprastą arba uždenkite marcipanu (migdolų pasta) ir baltu glajumi (glaistu).

200 ml / 7 fl uncijos / nepakanka 1 puodelio saldaus chereso
75 ml/5 šaukštai brendžio
5 ml/1 šaukštelis sumaišytų (obuolių pyrago) prieskonių
5 ml/1 arbatinis šaukštelis vanilės esencijos (ekstraktas)
10 ml/2 arbatiniai šaukšteliai tamsiai minkšto rudojo cukraus
350 g/12 oz/2 puodeliai sumaišytų džiovintų vaisių (vaisių pyrago mišinys)
15 ml/1 valgomasis šaukštas susmulkintos mišrios žievės
15 ml/1 valgomasis šaukštas raudonųjų glazūruotų (cukruotų) vyšnių
50 g/2 uncijos/1/3 puodelio džiovintų abrikosų
50 g/2 uncijos/1/3 puodelio kapotų datulių
Smulkiai nutarkuota 1 nedidelio apelsino žievelė
50 g/2 uncijos/½ puodelio kapotų graikinių riešutų
125 g/4 uncijos/½ puodelio nesūdyto (saldaus) sviesto, lydytas
175 g/6 uncijos/¾ puodelio tamsiai minkšto rudojo cukraus
125 g/4 uncijos/1 puodelis savaime kylančių (savaime kylančių) miltų
3 mažesni kiaušiniai

Šerį ir brendį sudėkite į didelį maišymo dubenį. Uždenkite lėkšte ir kepkite ant Full 3-4 minutes, kol mišinys pradės burbuliuoti. Įpilkite prieskonių, vanilės, 10 ml/2 šaukštelio rudojo cukraus, džiovintų vaisių, sumaišytų žievelių, vyšnių, abrikosų, datulių, apelsinų žievelių ir graikinių riešutų. Kruopščiai išmaišykite. Uždenkite lėkšte ir kaitinkite ant Defrost 15 minučių keturis kartus maišydami. Palikite per naktį, kad subręstų skoniai. 20 cm/8 skersmens suflė indą sandariai išklokite maistine plėvele (plastikine plėvele), kad ji šiek tiek kabėtų per kraštą. Į pyrago masę įmaišykite sviestą, rudąjį cukrų, miltus ir kiaušinius. Šaukštu supilkite į paruoštą indą ir uždenkite virtuviniu popieriumi. Virkite atšildytą 30 minučių, keturis kartus apversdami. Leiskite pastovėti mikrobangų krosnelėje 10 minučių. Atvėsinkite iki drungnos, tada atsargiai perkelkite ant grotelių, laikančių maistinę plėvelę. Kai pyragas atvės, nuimkite foliją. Norėdami laikyti, suvyniokite į dvigubo storio riebalams atsparų (vaškinį) popierių, tada vėl suvyniokite į foliją. Prieš uždengiant ir glazūruojant, laikykite vėsioje vietoje apie 2 savaites.

Greitas Simnelio pyragas

Gamina 1 didelės šeimos tortą

Vykdykite sotaus kalėdinio pyrago receptą ir laikykite jį 2 savaites. Dieną prieš patiekiant pyragą perpjaukite per pusę, kad susidarytų du sluoksniai. Abi perpjautas puses aptepkite lydytu abrikosų uogiene (konservu) ir sumuštinį kartu su 225–300 g/8–11 uncijų marcipano (migdolų pasta), susuktu į storą apskritimą. Viršų papuoškite miniatiūriniais velykiniais kiaušiniais ir parduotuvėje pirktais viščiukais.

Tortas su sėklomis

Tarnauja 8

Senų laikų priminimas, Velse žinomas kaip kirpimo tortas.

225 g/8 uncijos/2 puodeliai savaime kylančių (savaime kylančių) miltų
125 g/4 uncijos/½ puodelio sviesto arba margarino
175 g/6 uncijos/¾ puodelio šviesiai minkšto rudojo cukraus
Smulkiai nutarkuota 1 citrinos žievelė
10–20 ml/2–4 šaukšteliai kmynų
10 ml/2 arbatiniai šaukšteliai tarkuoto muskato riešuto
2 kiaušiniai, sumušti
150 ml / ¼ pt / 2/3 puodelio šalto pieno
75 ml/5 šaukštai cukraus pudros (konditeriniai), persijoti
10–15 ml/2–3 arbatiniai šaukšteliai citrinos sulčių

20 cm/8 skersmens suflė indo dugną ir šonus sandariai išklokite maistine plėvele (plastikine plėvele), kad ji šiek tiek kabėtų per kraštą. Miltus persijokite į dubenį ir įtrinkite sviestu arba margarinu. Suberkite rudąjį cukrų, citrinos žievelę, kmynus ir muskato riešutą, o kiaušinius ir pieną šakute išmaišykite į vientisą, gana minkštą tešlą. Perkelkite į paruoštą indą ir uždenkite virtuviniu popieriumi. Kepkite ant visos ugnies 7-8 minutes, du kartus apversdami keptuvę, kol pyragas iškils į keptuvės viršų, o paviršius pasidarys mažomis skylutėmis. Leiskite pastovėti 6 minutes, tada apverskite ant grotelių. Kai jis visiškai atvės, nuimkite maistinę plėvelę, tada apverskite pyragą į dešinę. Sumaišykite cukraus pudrą ir citrinos sultis, kad susidarytų tiršta pasta. Paskleiskite ant torto viršaus.

Paprastas vaisių pyragas

Tarnauja 8

225 g/8 uncijos/2 puodeliai savaime kylančių (savaime kylančių) miltų

10 ml/2 arb. sumaišytų (obuolių pyrago) prieskonių

125 g/4 uncijos/½ puodelio sviesto arba margarino

125 g/4 uncijos/½ puodelio šviesiai minkšto rudojo cukraus

175 g/6 uncijos/1 puodelis sumaišytų džiovintų vaisių (vaisių pyrago mišinys)

2 kiaušiniai

75 ml/5 šaukštai šalto pieno

75 ml/5 šaukštai cukraus pudros (konditeriai).

18 cm/7 skersmens suflė indą išklokite maistine plėvele (plastikine plėvele), kad ji šiek tiek kabėtų per kraštą. Miltus ir prieskonius persijokite į dubenį ir įtrinkite sviestu arba margarinu. Įpilkite cukraus ir džiovintų vaisių. Kiaušinius ir pieną išplakti ir supilti į sausus ingredientus, šakute išmaišyti iki vientisos masės. Šaukštu supilkite į paruoštą indą ir uždenkite virtuviniu popieriumi. Kepkite pilnoje temperatūroje 6½-7 minutes, kol pyragas gerai pakils ir tik pradės trauktis nuo formos kraštų. Išimkite iš mikrobangų krosnelės ir palikite pastovėti 10 minučių. Perkelkite ant grotelių, laikančių maistinę plėvelę. Kai visiškai atvės, nuimkite maistinę plėvelę, o viršų pabarstykite persijotu cukraus pudra.

Datulių ir riešutų pyragas

Tarnauja 8

Ruoškite kaip paprastą vaisių pyragą, bet džiovintus vaisius pakeiskite kapotų datulių ir graikinių riešutų mišiniu.

Morku pyragas

Tarnauja 8

Kadaise vadinamas dangaus pyragu, šis užjūrio importas buvo su mumis daugelį metų ir niekada nepraranda savo patrauklumo.

Dėl torto:

3-4 morkas supjaustyti kubeliais
50 g/2 uncijos/½ puodelio graikinių riešutų gabalėlių
50 g/2 uncijos/½ puodelio supakuotų kapotų datulių, apvoliotų cukruje
175 g/6 uncijos/¾ puodelio šviesiai minkšto rudojo cukraus
2 dideli kiaušiniai, kambario temperatūros
175 ml / 6 fl oz / ¾ puodelio saulėgrąžų aliejaus
5 ml/1 arbatinis šaukštelis vanilės esencijos (ekstraktas)
30 ml/2 šaukštai šalto pieno
150 g / 5 uncijos / 1¼ puodeliai paprastų (universalių) miltų
5 ml/1 arbatinis šaukštelis kepimo miltelių
4 ml/¾ arbatinio šaukštelio kepimo sodos (kepimo soda)
5 ml/1 šaukštelis sumaišytų (obuolių pyrago) prieskonių

Kreminio sūrio glaistui:

175 g/6 uncijos/¾ puodelio riebaus kreminio sūrio, kambario temperatūros
5 ml/1 arbatinis šaukštelis vanilės esencijos (ekstraktas)
75 g/3 uncijos/½ puodelio miltinio (konditerinio) cukraus, išsijoto
15 ml/1 valgomasis šaukštas šviežiai spaustų citrinos sulčių

Tortui gaminti 20 cm/8 mikrobangų krosnelės formą ištepkite aliejumi, o pagrindą išklokite nepridegančiu kepimo popieriumi. Morkų ir graikinių riešutų gabalėlius sudėkite į trintuvą arba virtuvinį kombainą ir įjunkite mašiną, kol abu bus stambiai susmulkinti. Perkelkite į dubenį ir supilkite datules, cukrų, kiaušinius, aliejų, vanilės skonį ir pieną. Išsijokite sausus ingredientus, tada šakute įmaišykite į morkų mišinį. Perkelkite į paruoštą formą. Uždenkite maistine plėvele (plastikine plėvele) ir du kartus įrėžkite, kad išsiskirtų garai. Kepkite iki galo 6 minutes, tris kartus apversdami. Palikite pailsėti 15 minučių, tada apverskite ant grotelių. Nuimkite popierių. Visiškai atvėsus apverskite ant lėkštės.

Kreminio sūrio glaistui išplakite sūrį iki vientisos masės. Sudėkite kitus ingredientus ir švelniai maišykite, kol masė taps vientisa. Storesniu sluoksniu paskleiskite pyrago viršų.

Pastarnoko pyragas

Tarnauja 8

Ruoškite kaip morkų pyragą, bet vietoj morkų pakeiskite 3 mažesniais pastarnokais.

Moliūgų pyragas

Tarnauja 8

Paruoškite kaip morkų pyragą, bet morkas pakeiskite nuluptą moliūgą, palikdami vidutinį griežinėlį, iš kurio turėtų gautis apie 175 g/6 uncijos minkštimo su sėklomis. Šviesųjį cukrų pakeiskite tamsiai minkštu ruduoju cukrumi, o prieskonių mišinį (obuolių pyragą) – kvapniaisiais pipirais.

Skandinaviškas pyragas su kardamonu

Tarnauja 8

Kardamonas plačiai naudojamas skandinaviškuose kepiniuose, o šis pyragas yra tipiškas šiaurinio pusrutulio egzotikos pavyzdys. Išbandykite vietinę etninio maisto parduotuvę, jei jums sunku gauti malto kardamono.

Dėl torto:

175 g/6 uncijos/1½ puodeliai savaime kylančių (savaime kylančių) miltų

2,5 ml/½ arbatinio šaukštelio kepimo miltelių

75 g/3 uncijos/2/3 puodelio sviesto arba margarino, kambario temperatūros

75 g/3 uncijos/2/3 puodelio šviesiai minkšto rudojo cukraus

10 ml/2 arbatiniai šaukšteliai malto kardamono

1 kiaušinis

Šaltas pienas

Užpilui:

30 ml/2 šaukštai pjaustytų migdolų, keptų

30 ml/2 šaukštai šviesiai minkšto rudojo cukraus

5 ml/1 arbatinis šaukštelis malto cinamono

16,5 cm/6½ gylio indą išklokite maistine plėvele (plastikine plėvele), kad ji šiek tiek kabėtų virš krašto. Miltus ir kepimo miltelius persijokite į dubenį ir švelniai įtrinkite sviestu arba margarinu. Įpilkite cukraus ir kardamono. Kiaušinį išplakite matavimo inde ir įpilkite pieno iki 150 ml/¼ pt/2/3 puodelio. Šakute įmaišykite sausus ingredientus, kol gerai susimaišys, bet neperplakite. Supilkite į paruoštą indą. Sumaišykite užpilui skirtus ingredientus ir pabarstykite pyragą. Uždenkite maistine plėvele ir du kartus įrėžkite, kad išsiskirtų garai. Virkite ant visos ugnies 4 minutes, du kartus apversdami. Palikite 10 minučių pailsėti, tada atsargiai perkelkite ant grotelių, laikydami maistinę plėvelę. Atvėsus pyragui atsargiai nuimkite maistinę plėvelę.

Duona su vaisių arbata

Padaro 8 griežinėlius

225 g/8 uncijos/1 1/3 puodelių sumaišytų džiovintų vaisių (vaisių pyrago mišinys)
100 g/3½ uncijos/½ puodelio tamsiai minkšto rudojo cukraus
30 ml/2 šaukštai šaltos stiprios juodosios arbatos
100 g/4 uncijos/1 puodelis savaime kylančių (savaime kylančių) rupių miltų
5 ml/1 arbatinis šaukštelis maltų kvapiųjų pipirų
1 kiaušinis, virtuvinės temperatūros, išplaktas
8 sveiki migdolai, blanširuoti
30 ml/2 šaukštai auksinio (šviesaus kukurūzų) sirupo
Sviestas, tepimui

15 cm/6 skersmens suflė indo dugną ir šonus sandariai išklokite maistine plėvele (plastikine plėvele), kad ji šiek tiek kabėtų virš šono. Vaisius, cukrų ir arbatą sudėkite į dubenį, uždenkite lėkšte ir virkite ant Full 5 minutes. Miltus, kvapiuosius pipirus ir kiaušinį sumaišykite šakute ir supilkite į paruoštą indą. Ant viršaus išdėliokite migdolus. Lengvai uždenkite virtuviniu popieriumi ir kepkite ant Defrost 8-9 minutes, kol pyragas gerai iškils ir ims trauktis nuo keptuvės kraštų. Palikite 10 minučių pailsėti, tada perkelkite ant grotelių, laikančių

maistinę plėvelę. Pakaitinkite sirupą puodelyje ant atitirpinimo 1½ minutės. Nuo pyrago nuplėškite skaidrią foliją, o viršų aptepkite pašildytu sirupu. Patiekite supjaustytą griežinėliais ir apteptą sviestu.

Viktorijos sumuštinis tortas

Tarnauja 8

175 g/6 uncijos/1½ puodeliai savaime kylančių (savaime kylančių) miltų
175 g/6 uncijos/¾ puodelio sviesto arba margarino, kambario temperatūros
175 g/6 uncijos/¾ puodelio granuliuoto (labai smulkaus) cukraus
3 kiaušiniai, virtuvės temperatūros
45 ml/3 šaukštai šalto pieno
45 ml/3 šaukštai uogienės (taupyti)
120 ml / 4 fl uncijos / ½ puodelio dvigubos (sunkios) arba plakamos grietinėlės
Cukraus pudra (konditeriniai), sijoti, pabarstymui

Dviejų 20 cm/8 colių seklių indų dugną ir šonus išklokite maistine plėvele (plastikine plėvele), kad ji šiek tiek kabėtų virš krašto. Išsijokite miltus ant lėkštės. Sumaišykite sviestą arba margariną ir cukrų, kol masė taps šviesi, puri ir panaši į plaktą grietinėlę. Įmuškite po vieną kiaušinį, į kiekvieną įpildami po 15 ml/1 šaukštą miltų. Dideliu metaliniu šaukštu pakaitomis suberkite likusius miltus su pienu. Tolygiai paskirstykite paruoštuose induose. Laisvai uždenkite virtuviniu popieriumi. Virkite po vieną pilnoje temperatūroje 4 minutes. Leiskite atvėsti, kol sušils, tada apverskite ant grotelių. Nulupkite skaidrią plėvelę ir palikite, kol ji visiškai atvės. Sumuštinį kartu su uogiene ir plakta grietinėle, o viršų prieš patiekiant pabarstykite cukraus pudra.

Riešutų pyragas

Tarnauja 8

175 g/6 uncijos/1½ puodeliai savaime kylančių (savaime kylančių) miltų
175 g/6 uncijos/¾ puodelio sviesto arba margarino, kambario temperatūros
5 ml/1 arbatinis šaukštelis vanilės esencijos (ekstraktas)
175 g/6 uncijos/¾ puodelio granuliuoto (labai smulkaus) cukraus
3 kiaušiniai, virtuvės temperatūros
50 g/2 uncijos/½ puodelio graikinių riešutų, smulkiai pjaustytų
45 ml/3 šaukštai šalto pieno
2 kiekiai sviestinio glaisto
16 graikinio riešuto puselių, papuošimui

Dviejų 20 cm/8 colių seklių indų dugną ir šonus išklokite maistine plėvele (plastikine plėvele), kad ji šiek tiek kabėtų virš krašto. Išsijokite miltus ant lėkštės. Kreminę sviestą arba margariną, vanilės kvapiąją medžiagą ir cukrų sumaišykite, kol masė taps šviesi ir puri ir taps panaši į plaktą grietinėlę. Įmuškite po vieną kiaušinį, į kiekvieną įpildami po 15 ml/1 šaukštą miltų. Dideliu metaliniu šaukštu pakaitomis su pienu sumaišykite graikinius riešutus su likusiais miltais. Tolygiai paskirstykite paruoštuose induose. Laisvai uždenkite virtuviniu popieriumi. Virkite po vieną ant visos ugnies 4,5 minutės. Leiskite atvėsti, kol sušils, tada apverskite ant grotelių. Nulupkite skaidrią plėvelę ir palikite, kol ji visiškai atvės. Sumuštinį kartu su puse glaisto (glaisto) ir likusiu aptepti pyragą.

Carob pyragas

Tarnauja 8

Ruoškite kaip ir Viktorijos sumuštinio pyragą, bet pakeiskite 25 g/1 uncijos/¼ puodelio kukurūzų miltų (kukurūzų krakmolo) ir 25 g/1 uncijos/¼ puodelio karobų miltelių 50 g/2 uncijos/½ puodelio miltų. Sumuštinis kartu su grietinėle ir (arba) konservuotais ar šviežiais vaisiais. Jei norite, į kremo ingredientus įpilkite 5 ml/1 arbatinį šaukštelį vanilės esencijos (ekstrakto).

Paprastas šokoladinis pyragas

Tarnauja 8

Ruoškite kaip ir Viktorijos sumuštinio pyragą, bet pakeiskite 25 g/1 uncijos/¼ puodelio kukurūzų miltų (kukurūzų krakmolo) ir 25 g/1 uncijos/¼ puodelio kakavos miltelių (nesaldinto šokolado) 50 g/2 uncijos/½ puodelio miltų. Sumuštinis kartu su grietinėle ir/ar šokoladiniu užtepu.

Migdolų pyragas

Tarnauja 8

Paruoškite kaip Viktorijos sumuštinį, bet tą patį kiekį miltų pakeiskite 40 g/1½ uncijos/3 šaukštais maltų migdolų. Kremo ingredientus pagardinkite 2,5–5 ml/½–1 arbatiniu šaukšteliu migdolų esencijos (ekstrakto). Sumuštinis kartu su lygia abrikosų uogiene (konservas) ir plonu marcipano gabalėliu (migdolų tešla).

Victoria Sandwich Gâteau

Tarnauja 8

Paruoškite kaip Viktorijos sumuštinių pyragą arba bet kokį variantą. Sumuštinis kartu su grietinėlės arba sviestinio kremo glaistu (glaistu) ir (arba) marmeladu (konservu), šokoladiniu užtepu, žemės riešutų sviestu, apelsinų arba citrinų varške, apelsinų marmeladu, konservuotų vaisių įdaru, medumi arba marcipanu (migdolų tešla). Viršų ir šonus patepkite grietinėlės arba sviesto glaistu. Papuoškite šviežiais arba konservuotais vaisiais, riešutais ar dražė. Norėdami gauti dar sodresnį pyragą, prieš užpildydami kiekvieną iškeptą plutą perpjaukite per pusę, kad iš viso gautumėte keturias pluteles.

Arbatos biskvitas darželiui

Padaro 6 griežinėlius

75 g/3 uncijos/2/3 puodelio granuliuoto (labai smulkaus) cukraus

3 kiaušiniai, virtuvės temperatūros

75 g/3 uncijos/¾ puodelio paprastų (universalių) miltų

90 ml/6 šaukštai dvigubos (tirštos) arba plaktos grietinėlės grietinėlės plakimui

45 ml/3 šaukštai uogienės (taupyti)

Cukrus (super smulkus), pabarstymui

18 cm/7 skersmens suflė indo dugną ir šonus išklokite maistine plėvele (plastikine plėvele), kad ji šiek tiek kabėtų per kraštą. Suberkite cukrų į dubenį ir neuždengtą kaitinkite ant Defrost 30 sekundžių. Įmuškite kiaušinius ir plakite, kol masė suputos ir sutirštės iki plaktos grietinėlės konsistencijos. Švelniai ir lengvai perpjaukite metaliniu šaukštu ir įmaišykite miltus. Neplakti ir nemaišyti. Kai ingredientai gerai susimaišys, perkelkite juos į paruoštą indą. Lengvai uždenkite virtuviniu popieriumi ir kepkite pilnoje temperatūroje 4 minutes. Palikite 10 minučių pailsėti, tada perkelkite ant grotelių, laikančių

maistinę plėvelę. Kai atvės, nuimkite skaidrią plėvelę. Perpjaukite pusiau ir sudėkite į sumuštinį kartu su grietinėle ir uogiene. Prieš patiekdami ant viršaus pabarstykite cukrumi.

Citrininis biskvitas

Padaro 6 griežinėlius

Ruoškite kaip vaikiškus arbatinius sausainius, tačiau į pašildytą kiaušinių ir cukraus mišinį prieš pat suberdami miltus įpilkite 10 ml/2 arbatinius šaukštelius smulkiai tarkuotos citrinos žievelės. Sumuštinis kartu su citrinine varške ir riebia grietinėle.

Oranžinis biskvitas

Padaro 6 griežinėlius

Ruoškite kaip vaikiškus arbatinius sausainius, tačiau į pašildytą kiaušinių ir cukraus mišinį prieš pat suberdami miltus įpilkite 10 ml/2 arbatinius šaukštelius smulkiai tarkuotos apelsino žievelės. Sumuštinis kartu su šokoladiniu užtepu ir tiršta grietinėle.

Espreso kavos pyragas

Tarnauja 8

250 g/8 uncijos/2 puodeliai savaime kylančių (savaime kylančių) miltų
15 ml/1 valgomasis šaukštas/2 maišeliai tirpios espreso kavos miltelių
125 g/4 uncijos/½ puodelio sviesto arba margarino
125 g/4 uncijos/½ puodelio tamsiai minkšto rudojo cukraus
2 kiaušiniai, virtuvės temperatūros
75 ml/5 šaukštai šalto pieno

18 cm/7 skersmens suflė indo dugną ir šonus išklokite maistine plėvele (plastikine plėvele), kad ji šiek tiek kabėtų per kraštą. Miltus ir kavos miltelius persijokite į dubenį ir įtrinkite sviestu arba margarinu. Įpilkite cukraus. Kiaušinius ir pieną gerai išplakite, tada šakute tolygiai įmaišykite į sausus ingredientus. Šaukštu supilkite į paruoštą indą ir uždenkite virtuviniu popieriumi. Kepkite pilnoje temperatūroje 6½-7 minutes, kol pyragas gerai pakils ir tik pradės trauktis nuo formos kraštų. Leiskite pastovėti 10 minučių. Perkelkite ant grotelių, laikančių maistinę plėvelę. Kai jis visiškai atvės, nuimkite permatomą foliją ir laikykite pyragą sandariame inde.

Apelsinų ir kavos espreso pyragas

Tarnauja 8

Pasigaminkite espreso kavos pyragą. Likus maždaug 2 valandoms prieš patiekiant, padarykite tirštą glajų (glajų), sumaišydami 175 g/6 uncijos/1 puodelį miltelinio (konditerinio) cukraus su pakankamai apelsinų sulčių, kad susidarytų pastos pavidalo glajus. Užtepkite ant torto viršaus, tada papuoškite tarkuotu šokoladu, smulkintais graikiniais riešutais, šimtais ir tūkstančiais ir t.t.

Espreso pyragas su kavos kremu

Tarnauja 8

Padarykite espreso kavos pyragą ir perpjaukite jį į du sluoksnius. 300 ml/½ pt/1¼ puodelio dvigubos (tirštos) grietinėlės su 60 ml/4 šaukštais šalto pieno išplakite iki tirštos masės. Pasaldinkite 45 ml/3 šaukštais smulkaus (labai smulkaus) cukraus ir pagardinkite espresą kavos milteliais. Šiek tiek sujunkite sluoksnius, o likusią dalį storai paskleiskite ant torto viršaus ir šono. Ant viršaus priklijuokite lazdyno riešutus.

Pyragai su razinomis

Tai sudaro 12

125 g/4 uncijos/1 puodelis savaime kylančių (savaime kylančių) miltų
50 g/2 uncijos/¼ puodelio sviesto arba margarino
50 g/2 uncijos/¼ puodelio granuliuoto (labai smulkaus) cukraus
30 ml/2 šaukštai razinų
1 kiaušinis
30 ml/2 šaukštai šalto pieno
2,5 ml/½ arbatinio šaukštelio vanilės esencijos (ekstraktas)
Cukraus pudra (konditerinis), pabarstymui

Miltus persijokite į dubenį ir įtrinkite sviestą arba margariną. Suberkite cukrų ir razinas. Kiaušinį išplakti su pienu ir vanilės esencija ir šakute įmaišyti į sausus ingredientus, neplakant į minkštą tešlą. Padalinkite į 12 sausainių lakštų (sausainių popieriaus) ir šešis padėkite ant mikrobangų krosnelėje naudojamos lėkštės. Laisvai uždenkite virtuviniu popieriumi. Virkite ant visos ugnies 2 minutes. Perkelkite ant grotelių, kad atvėstų. Atvėsusį pabarstykite persijotu cukraus pudra. Laikyti hermetiškai uždarytoje talpykloje.

Kokosų pyragaičiai

Tai sudaro 12

Paruoškite kaip razinų paplotėlius, tačiau razinas pakeiskite 25 ml/1½ šaukšto džiovinto (tarkuoto) kokoso ir padidinkite pieno kiekį iki 25 ml/1½ šaukšto.

Sausainiai su šokolado gabaliukais

Tai sudaro 12

Ruoškite kaip ir Razin Cup Cake, bet pakeiskite razinas 30 ml/2 šaukštais šokolado drožlių.

Tortas su bananų prieskoniais

Tarnauja 8

3 dideli prinokę bananai
175 g/6 oz/¾ puodelio margarino/balto kepimo riebalų mišinio
(mišinio), kambario temperatūroje
175 g/6 uncijos/¾ puodelio tamsiai minkšto rudojo cukraus
10 ml/2 arbatiniai šaukšteliai kepimo miltelių
5 ml/1 arbatinis šaukštelis maltų kvapiųjų pipirų
225 g/8 uncijos/2 puodeliai salyklinių rudų miltų, pvz., grūdų miltų
1 didelis kiaušinis, sumuštas
15 ml/1 valgomasis šaukštas kapotų pekano riešutų
100 g/4 uncijos/2/3 puodelio kapotų datulių

20 cm/8 skersmens suflė indo dugną ir šonus sandariai išklokite maistine plėvele (plastikine plėvele), kad ji šiek tiek kabėtų per kraštą. Bananus nulupkite ir gerai sutrinkite dubenyje. Įmuškite abu riebalus. Įmaišykite cukrų. Kepimo miltelius ir kvapiuosius pipirus sumaišykite su miltais. Šakute sumaišykite bananus su kiaušiniais, graikiniais riešutais ir datulėmis. Tolygiai paskirstykite paruoštame inde. Lengvai uždenkite virtuviniu popieriumi ir kepkite ant Full 11 minučių, tris kartus apversdami keptuvę. Leiskite pastovėti 10 minučių. Perkelkite ant grotelių, laikančių maistinę plėvelę. Visiškai atvėsinkite, tada nuimkite skaidrią foliją ir laikykite pyragą sandariame inde.

Bananų prieskonių pyragas su ananasų glaistu

Tarnauja 8

Pasigaminkite bananų prieskonių pyragą. Likus maždaug 2 valandoms iki patiekimo, padenkite pyragą storu glaistu (glaistu), pagamintu į dubenį persijojus 175 g/6oz/1 puodelį miltelinio (konditerinio) cukraus ir sumaišius į pastos pavidalo glajų su keliais lašais ananasų sulčių. . Kai sustings, papuoškite sausais bananų drožlėmis.

Sviesto glajus

Padaro 225 g / 8 uncijos / 1 puodelis

75 g/3 uncijos/1/3 puodelio sviesto, kambario temperatūros
175 g / 6 uncijos / 1 puodelis miltelinio (konditerinio) cukraus, išsijotas
10 ml/2 arbatiniai šaukšteliai šalto pieno
5 ml/1 arbatinis šaukštelis vanilės esencijos (ekstraktas)
Cukraus pudra (konditerinis), pabarstymui (nebūtina)

Sviestą plakite, kol pašviesės, tada palaipsniui įmaišykite cukrų, kol jis taps šviesus, putos ir padidės dvigubai. Sumaišykite pieną ir vanilės skonį ir išplakite glazūrą (glaistą) iki vientisos ir tirštos masės.

Šokoladinis glajus

Padaro 350g/12oz/1½ puodelio

Amerikietiško stiliaus glaistymas (glaistymas) yra naudingas bet kokio paprasto pyrago aptepimui.

30 ml/2 šaukštai sviesto arba margarino
60 ml/4 šaukštai pieno
30 ml/2 šaukštai kakavos (nesaldinto šokolado) miltelių
5 ml/1 arbatinis šaukštelis vanilės esencijos (ekstraktas)
300 g/10 uncijų/12/3 stiklinės miltinio (konditerinio) cukraus, išsijoto

Į dubenį sudėkite sviestą arba margariną, pieną, kakavą ir vanilės kvapiąsias medžiagas. Virkite neuždengtą atšildymo režimu 4 minutes, kol įkais ir riebalai ištirps. Supilkite išsijotą cukraus pudrą, kol glajus taps vientisas ir gana tirštas. Naudokite dabar.

Vaisių sveikatos pleištai

Tai sudaro 8

100 g/3½ uncijos džiovintų obuolių žiedų
75 g/3 uncijos/¾ puodelio savaime kylančių (savaime kylančių) rupių miltų
75 g/3 uncijos/¾ puodelio avižinių dribsnių
75 g / 3 uncijos / 2/3 puodelio margarino
75 g/3 uncijos/2/3 puodelio tamsiai minkšto rudojo cukraus
6 Kalifornijos slyvos, susmulkintos

Obuolių žiedus per naktį pamirkykite vandenyje. 18 cm/7 negilaus indo dugną ir šonus gerai išklokite maistine plėvele (plastikine plėvele), kad ji kabėtų šiek tiek už krašto. Į dubenį suberkite miltus ir avižinius dribsnius, supilkite margariną ir įtrinkite pirštų galiukais. Įmaišykite cukrų, kad susidarytų trupinis mišinys. Pusę paskleiskite ant paruošto indo dugno. Nusausinkite ir susmulkinkite obuolių žiedus. Slyvas švelniai užspauskite ant avižinių dribsnių mišinio. Ant viršaus tolygiai pabarstykite likusį avižinių dribsnių mišinį. Virkite neuždengtą ant visos ugnies 5½–6 minutes. Palikite visiškai atvėsti dubenyje. Pakelkite laikydami už maistinės plėvelės, tada nulupkite plėvelę ir supjaustykite griežinėliais. Laikyti hermetiškai uždarytoje talpykloje.

Sveikatos vaisiai su vaisiais su abrikosais

Tai sudaro 8

Paruoškite kaip vaisinius sveikatos pleištus, bet slyvas pakeiskite 6 gerai nuplautais džiovintais abrikosais.

Traškus pyragas

Padaro 12 smeigių

225 g/8 uncijos/1 puodelis nesūdyto (saldaus) sviesto, kambario temperatūros
125 g/4 uncijos/½ puodelio granuliuoto (labai smulkaus) cukraus ir papildomai pabarstymui
350 g/12 uncijų/3 puodeliai paprastų (universalių) miltų

Riebalais ištepkite ir išklokite 20 cm/8 skersmens gilaus indo dugną. Sviestą ir cukrų išplakti iki šviesios ir purios masės, tada suberti miltus iki vientisos masės. Tolygiai paskirstykite paruoštame inde ir viską subadykite šakute. Virkite neuždengę, kad atitirptų 20 minučių. Išimkite iš mikrobangų krosnelės ir pabarstykite 15 ml/1 šaukštu cukraus. Dar šiek tiek šiltą supjaustykite į 12 skiltelių. Atsargiai perkelkite ant grotelių ir leiskite visiškai atvėsti. Laikyti hermetiškai uždarytoje talpykloje.

Itin traškus pyragas

Padaro 12 smeigių

Paruoškite kaip trapius pyragus, bet 25 g/1 uncijos/¼ puodelio miltų pakeiskite 25 g manų kruopų (kvietinės grietinėlės).

Itin lygi trapi tešla

Padaro 12 smeigių

Paruoškite kaip trapius pyragus, bet pakeiskite 25 g/1 uncijos/¼ puodelio kukurūzų miltų (kukurūzų krakmolo) 25 g/1 uncijos/¼ puodelio miltų.

Aštrūs trapios tešlos pyragaičiai

Padaro 12 smeigių

Ruoškite kaip trapius pyragus, bet įsijokite 10 ml/2 arbatinius šaukštelius sumaišytų (obuolių pyrago) prieskonių su miltais.

Olandiško stiliaus trapios tešlos pyragas

Padaro 12 smeigių

Ruoškite kaip trapią tešlą, bet paprastus miltus pakeiskite savaime kylančiais (savaime kylančiais) miltais ir su miltais persijokite 10 ml/2 šaukštelio malto cinamono. Prieš gamindami viršų aptepkite 15-30 ml/1-2 šaukštais grietinėlės, tada švelniai užspauskite lengvai paskrudintus migdolų drožles (supjaustytus dribsniais).

Cinamono rutuliukai

Tai sudaro 20

Paschos šventės ypatumas, sausainio (sausainių) ir pyrago kryžius, kuris atrodo geriau elgiasi mikrobangų krosnelėje nei kepamas įprastu būdu.

2 didesni kiaušinių baltymai
125 g/4 uncijos/½ puodelio granuliuoto (labai smulkaus) cukraus
30 ml/2 šaukštai malto cinamono
225 g/8 uncijos/2 puodeliai maltų migdolų
Išsijotas cukraus pudra (konditerinis).

Kiaušinių baltymus plakite tol, kol pradės putoti, tada įmaišykite cukrų, cinamoną ir migdolus. Drėgnomis rankomis iškočiokite 20 rutuliukų. Išdėliokite į du ritinius, vienas kito viduje, aplink didelės plokščios lėkštės kraštą. Virkite neuždengtą ant visos ugnies 8 minutes, keturis kartus apversdami lėkštę. Atvėsinkite, kol sušils, tada apvoliokite milteliniame cukruje, kol kiekvienas bus gerai padengtas. Leiskite visiškai atvėsti ir laikykite sandariame inde.

Spaudžia auksinį brendį

Tai sudaro 14

Įprastai juos pasigaminti gana sunku, mikrobangų krosnelėje jie veikia kaip sapnas.

50 g / 2 uncijos / ¼ puodelio sviesto
50 g/2 uncijos/1/6 puodelio auksinio (šviesaus kukurūzų) sirupo
40 g/1½ uncijos/3 šaukštai auksinio granuliuoto cukraus
40 g/1½ uncijos/1½ šaukšto salyklinių rudų miltų, tokių kaip grūdų miltai
2,5 ml/½ arbatinio šaukštelio malto imbiero
150 ml/¼ pt/2/3 puodelio dvigubos (sunkios) arba plakamos grietinėlės

Sviestą sudėkite į dubenį ir neuždengtą ištirpinkite atitirpinimo įrenginyje 2–2,5 minutės. Supilkite sirupą ir cukrų ir gerai išmaišykite. Virkite neuždengę pilnoje temperatūroje 1 minutę. Įmaišykite miltus ir imbierą. Padėkite keturis labai gerai išdėstytus šaukštus 5 ml/1 arbatinio šaukštelio mišinio tiesiai ant mikrobangų krosnelėje tinkamo stiklinio arba plastikinio sukamojo stalo. Virkite ant visos ugnies 1½– 1¾ minutės, kol konjakas pradės ruduoti ir atrodys nėriniuotas. Atsargiai ištraukite grotuvą iš mikrobangų krosnelės ir leiskite sausainiams pailsėti 5 minutes. Pakelkite kiekvieną iš eilės naudodami paletės peilį. Apvyniokite didelio medinio šaukšto rankeną. Pirštų galiukais suimkite sąnarius ir slinkite link dubens šaukšto galo. Pakartokite su likusiais trimis sausainiais. Kai jie sutvirtės, nuimkite juos nuo rankenos ir perkelkite ant grotelių, kad atvėstų. Kartokite tol, kol sunaudosite likusį mišinį. Laikyti hermetiškai uždarytoje talpykloje. Prieš vartodami, į abu brendžio galus užpilkite riebios grietinėlės ir valgykite tą pačią dieną, nes stovėdami jie suminkštėja.

Šnapsas iš šokoladinio brendžio

Tai sudaro 14

Pasiruoškite kaip „Golden Brandy Snaps". Prieš pildami grietinėlę, paskleiskite ją į kepimo skardą, o viršutinį paviršių patepkite ištirpintu juoduoju arba baltuoju šokoladu. Leiskite sustingti, tada supilkite grietinėlę.

Bandelių paplotėliai

Sudaro apie 8

Bandelės ir paplotėlių kryžminimas – itin lengvi ir skanus skanėstas, kurį galima valgyti dar šiltus, aptepti sviestu ir pasirinktu uogiene (konservu) arba viržių medumi.

225 g/8 uncijos/2 puodeliai viso grūdo miltų
5 ml/1 arbatinis šaukštelis tartarinio kremo
5 ml/1 arbatinis šaukštelis kepimo sodos (kepimo soda)
1,5 ml/¼ arbatinio šaukštelio druskos
20 ml/4 arbatiniai šaukšteliai smulkaus (super smulkaus) cukraus
25 g/1 uncijos/2 šaukštai sviesto arba margarino
150 ml/¼ pt/2/3 puodelio pasukų arba pakeiskite pusiau natūralaus jogurto ir pusės lieso pieno mišiniu, jei jo nėra
Plaktas kiaušinis, aptepimui
Papildomi 5 ml/1 arbatinis šaukštelis cukraus, sumaišytas su 2,5 ml/½ šaukštelio malto cinamono, pabarstymui

Į dubenį persijokite miltus, tartarą, soda ir druską. Suberkite cukrų ir įtrinkite sviestu arba margarinu. Įpilkite pasukų (arba pakaitalų) ir sumaišykite šakute, kad gautumėte gana minkštą tešlą. Pasukite ant miltais pabarstyto paviršiaus ir greitai ir švelniai minkykite iki vientisos masės. Tolygiai išlyginkite iki 1 cm/½ storio, tada supjaustykite apskritimais naudodami 5 cm/2 biskvito formą. Dar kartą susukite likučius ir toliau pjaustykite į apskritimus. Padėkite aplink sviestu pateptos 25 cm/10 plokščios lėkštės kraštą. Aptepkite kiaušiniu ir pabarstykite cukraus ir cinamono mišiniu. Virkite neuždengtą ant visos ugnies 4 minutes, keturis kartus apversdami lėkštę. Leiskite pastovėti 4 minutes, tada perkelkite ant grotelių. Valgykite dar šiltą.

Paplotėliai su razinomis

Sudaro apie 8

Paruoškite kaip bandelių paplotėlius, bet pridėkite 15 ml/1 a.š razinų su cukrumi.

duonos

Bet koks mielinėje duonoje naudojamas skystis turi būti drungnas – ne karštas ar šaltas. Geriausias būdas pasiekti reikiamą temperatūrą yra sumaišyti pusę verdančio skysčio su puse šalto skysčio. Jei panardinus kitą mažojo piršto snukį jis vis dar karštas, prieš naudodami jį šiek tiek atvėsinkite. Per karštas skystis yra didesnė problema nei per šaltas, nes gali sunaikinti mieles ir neleisti duonai iškilti.

Pagrindinė tešla baltai duonai

Už 1 kepalą

Greita duonos tešla mėgstantiems kepti, bet neturintiems laiko.

450 g / 1 svaras / 4 puodeliai traškių paprastų miltų (duonai).
5 ml/1 arbatinis šaukštelis druskos
1 maišelis sausų mielių, kad būtų lengva maišyti
30 ml/2 šaukštai sviesto, margarino, sviesto arba riebalų
300 ml/½ pt/1¼ puodelio drungno vandens

Miltus ir druską persijokite į dubenį. Šiltas, neuždengtas, atitirpinamas 1 minutę. Suberkite mieles ir įtrinkite riebalus. Tešlą išminkyti su vandeniu. Ant miltais pabarstyto paviršiaus minkykite iki vientisos, elastingos ir nebelipnios masės. Grąžinkite į išvalytą ir išdžiovintą, bet dabar šiek tiek pateptą indą. Patį dubenį, o ne tešlą, uždenkite maistine plėvele (plastikine plėvele) ir du kartus pradurkite, kad garai išeitų. Kaitinkite atitirpinant 1 minutę. Palikite mikrobangų krosnelėje 5 minutes. Pakartokite tris ar keturis kartus, kol tešla padidės dvigubai.

Dar kartą greitai minkykite, tada naudokite kaip ir toliau pateiktuose įprastuose receptuose arba mikrobangų krosnelėje.

Pagrindinė tešla rudai duonai

Už 1 kepalą

Vykdykite pagrindinės baltos duonos tešlos receptą, bet vietoj universalių miltų naudokite vieną iš šių:

- pusė baltų ir pusė rupių miltų
- visų rupių miltų
- pusė salyklo rupių miltų ir pusė baltų miltų
-

Bazinė duonos tešla su pienu

Už 1 kepalą

Vykdykite pagrindinės baltos duonos tešlos receptą, bet vietoj vandens naudokite vieną iš šių:

- viso nugriebto pieno
- pusė nenugriebto pieno ir pusė vandens

Bap Loaf

Už 1 kepalą

Blyškus kepalas su minkšta pluta, valgomas daugiau Britanijos šiaurėje nei pietuose.

Pasigaminkite pagrindinę baltos duonos tešlą, pagrindinę rudos duonos tešlą arba pagrindinę pieninės duonos tešlą. Po pirmojo pakilimo greitai ir švelniai išmaišykite ir suformuokite maždaug 5 cm/2 storio rutulį. Dėkite ant riebalais išteptos ir miltais pabarstytos apvalios plokščios lėkštės. Uždenkite virtuviniu popieriumi ir pakaitinkite ant Defrost 1 minutę. Leiskite jam pailsėti 4 minutes. Pakartokite tris ar keturis kartus, kol tešla padidės dvigubai. Pabarstykite baltais arba rudais miltais. Virkite neuždengtą pilnoje temperatūroje 4 minutes. Atvėsinkite ant grotelių.

Bap Rolls

Tai sudaro 16

Pasigaminkite pagrindinę baltos duonos tešlą, pagrindinę rudos duonos tešlą arba pagrindinę pieninės duonos tešlą. Po pirmojo pakilimo greitai ir švelniai išmaišykite ir padalinkite į 16 dalių. Suformuokite plokščius rutuliukus. Dviejų riebalais išteptų ir miltais pabarstytų lėkščių kraštuose išdėliokite aštuonis pyragus. Uždenkite virtuviniu popieriumi ir kepkite lėkštę po lėkštės ant Defrost 1 minutę, tada pailsėkite 4 minutes ir kartokite tris ar keturis kartus, kol suktinukai padidės dvigubai. Pabarstykite baltais arba rudais miltais. Virkite neuždengtą pilnoje temperatūroje 4 minutes. Atvėsinkite ant grotelių.

Hamburgerinės bandelės

Tai sudaro 12

Ruoškite kaip ir Bap Rolls, bet tešlą padalinkite į 12 dalių, o ne į 16. Padėkite po šešis ritinėlius ant kiekvienos iš dviejų lėkščių kraštų ir kepkite, kaip nurodyta.

Sweet Bap Rolls su vaisiais

Tai sudaro 16

Paruoškite kaip Bap Rolls, bet į sausus ingredientus įpilkite 60 ml / 4 šaukštai razinų ir 30 ml / 2 šaukštai cukraus (labai smulkaus) prieš maišydami juos į skystį.

Kornvalio padalijimas

Tai sudaro 16

Paruoškite kaip Bap Rolls, bet prieš kepdami nebarstykite viršūnių miltais. Kai atvės, perpjaukite pusiau ir užpilkite tiršta grietinėle arba plakta grietinėle bei braškių ar aviečių uogiene (konservuoti). Viršus gerai apibarstykite persijotu cukraus pudra (konditerinis). Valgykite tą pačią dieną.

Išgalvoti ritinėliai

Tai sudaro 16

Pasigaminkite pagrindinę baltos duonos tešlą, pagrindinę rudos duonos tešlą arba pagrindinę pieninės duonos tešlą. Po pirmojo pakilimo greitai ir švelniai išmaišykite ir padalinkite į 16 dalių. Iš keturių dalių suformuokite apvalius rutuliukus ir kiekvieno viršuje išpjaukite plyšį. Susukite keturias dalis į 20 cm ilgio virves ir suriškite į mazgą. Iš keturių dalių suformuokite Vienos kepalus ir kiekvieno viršuje padarykite tris įstrižus plyšius. Kiekvieną iš likusių keturių dalių padalinkite į tris, suvyniokite į tvirtas virves ir supinkite. Visus suktinukus sudėkite į riebalais išteptą ir miltais pabarstytą skardą ir palikite šiltoje vietoje, kol padvigubės. Viršus aptepkite kiaušiniu ir kepkite įprastu būdu 230°C/450°F/dujų žymė 8 15-20 minučių. Išimkite iš orkaitės ir suktinukus perkelkite ant grotelių. Šaltą laikykite sandariame inde.

Rulonai su priedais

Tai sudaro 16

Paruoškite kaip „Fancy Rolls". Aptepę vyniotinių viršūnes kiaušiniu, pabarstykite bet kuriuo iš šių dalykų: aguonomis, skrudintomis sezamo sėklomis, pankolio sėklomis, avižiniais dribsniais, maltais kviečiais, tarkuotu kietuoju sūriu, stambia jūros druska, aromatizuotais prieskoniais.

Duona su kmynais

Už 1 kepalą

Pasigaminkite paprastą rudos duonos tešlą, į sausus ingredientus įpilkite 10–15 ml/2–3 šaukštelius kmynų prieš sumaišydami su skystį. Po pirmojo pakilimo lengvai paminkykite ir suformuokite rutulį. Sudėkite į riebalais išteptą 450 ml/¾ pt/2 puodelio apvalų plokščiapusį indą. Uždenkite virtuviniu popieriumi ir pakaitinkite ant Defrost 1 minutę. Leiskite jam pailsėti 4 minutes. Pakartokite tris ar keturis kartus, kol tešla padidės dvigubai. Aptepkite plaktu kiaušiniu ir pabarstykite stambia druska ir/arba papildomai kmynų sėklomis. Uždenkite virtuviniu popieriumi ir kepkite ant Full 5 minutes, vieną kartą apversdami keptuvę. Kepkite iki galo dar 2 minutes. Palikite 15 minučių, tada atsargiai apverskite ant grotelių.

ruginė duona

Už 1 kepalą

Iš pusės rupių miltų ir pusės ruginių miltų pasigaminkite paprastą rudos duonos tešlą. Kepkite kaip Bap Loaf.

Duona su aliejumi

Už 1 kepalą

Paruoškite paprastą baltos duonos tešlą arba paprastą rudos duonos tešlą, bet kitus riebalus pakeiskite alyvuogių, graikinių arba lazdyno riešutų aliejumi. Jei tešla lieka lipni, įberkite dar šiek tiek miltų. Virkite kaip Bap Loaf.

Itališka duona

Už 1 kepalą

Pasigaminkite paprastą baltos duonos tešlą, bet kitus riebalus pakeiskite alyvuogių aliejumi ir į sausus ingredientus įpilkite 15 ml/1 arbatinio šaukštelio raudonojo pesto ir 10 ml/2 arbatinio šaukštelio saulėje džiovintų pomidorų tyrės (pastos), prieš sumaišydami jas į skystį. Kepkite kaip Bap Loaf, skirdami papildomai 30 sekundžių.

Ispaniška duona

Už 1 kepalą

Padarykite paprastą baltos duonos tešlą, bet kitus riebalus pakeiskite alyvuogių aliejumi ir į sausus ingredientus įpilkite 30 ml/2 šaukštai džiovintų svogūnų ir 12 susmulkintų įdarytų alyvuogių prieš sumaišydami į skystį. Kepkite kaip Bap Loaf, skirdami papildomai 30 sekundžių.

Tikka Masala duona

Už 1 kepalą

Pasigaminkite paprastą baltos duonos tešlą, tačiau kitais riebalais pakeiskite ištirpintą ghi arba kukurūzų aliejų ir į sausus ingredientus įpilkite 15 ml/1 arbatinį šaukštelį tikka prieskonių mišinio ir sėklų iš 5 žalių kardamono ankščių, prieš sumaišydami su skystis. Kepkite kaip Bap Loaf, skirdami papildomai 30 sekundžių.

Salyklo duona su vaisiais

Padaro 2 kepalus duonos

450 g / 1 svaras / 4 puodeliai traškių paprastų miltų (duonai).
10 ml/2 arbatiniai šaukšteliai druskos
1 maišelis sausų mielių, kad būtų lengva maišyti
60 ml/4 šaukštai serbentų ir razinų mišinio
60 ml/4 šaukštai salyklo ekstrakto
15 ml/1 valgomasis šaukštas juodosios melasos (melasos)
25 g/1 uncijos/2 šaukštai sviesto arba margarino
45 ml/3 šaukštai drungno nugriebto pieno
150 ml / ¼ pt / 2/3 puodelio drungno vandens
Sviestas, tepimui

Miltus ir druską persijokite į dubenį. Sudėkite mieles ir džiovintus vaisius. Į nedidelį dubenį sudėkite salyklo ekstraktą, melasą ir sviestą arba margariną. Atšildykite, neuždengę, atšildydami 3 minutes. Supilkite į miltus su pienu ir pakankamai vandens, kad gautumėte minkštą, bet nelipnią tešlą. Ant miltais pabarstyto paviršiaus minkykite iki vientisos, elastingos ir nebelipnios masės. Padalinkite į dvi lygias dalis. Kiekvieną suformuokite taip, kad tilptų į riebalais išteptą 900 ml/1½ pt/3¾ puodelio apvalų arba stačiakampį indą. Dubenėlius, o ne tešlą, uždenkite maistine plėvele (plastikine plėvele) ir du kartus pradurkite, kad garai išeitų. Kaitinkite kartu atšildydami 1 minutę. Leiskite pastovėti 5 minutes. Pakartokite tris ar keturis kartus, kol tešla padidės dvigubai. Nuimkite lipnią plėvelę. Į mikrobangų krosnelę dėkite indus vienas šalia kito ir neuždengę kepkite pilnoje orkaitėje 2 minutes. Apverskite indus ir kepkite dar 2 minutes. Pakartokite dar vieną kartą. Leiskite pastovėti 10 minučių. Apverskite ant grotelių. Laikyti sandariame inde, kai visiškai atvės. Palikite 1 dieną prieš pjaustydami ir aptepdami sviestu.

Airiška sodos duona

Padaro 4 mažus kepaliukus

200 ml / 7 fl uncijos / šiek tiek 1 puodelis pasukų arba 60 ml / 4 šaukštai lieso pieno ir natūralaus jogurto
75 ml/5 šaukštai nenugriebto pieno
350 g/12 uncijų/3 puodeliai viso grūdo miltų
125 g/4 uncijos/1 puodelis paprastų (universalių) miltų
10 ml/2 arbatiniai šaukšteliai kepimo sodos (kepimo soda)
5 ml/1 arbatinis šaukštelis tartarinio kremo
5 ml/1 arbatinis šaukštelis druskos
50 g / 2 uncijos / ¼ puodelio sviesto, margarino arba baltųjų kepimo riebalų (alyvuogių)

Kruopščiai ištepkite riebalais 25 cm/10 colių kepimo formą. Sumaišykite pasukas arba pasukas ir pieną. Į dubenį suberkite viso grūdo miltus ir išsijokite vientisus miltus, kepimo soda, tartarą ir druską. Riebalus sutrinkite į mažus gabalėlius. Iš karto supilkite skystį ir šakute minkykite minkštą tešlą. Greitai išminkykite miltuotomis rankomis iki vientisos masės. Suformuokite 18 cm/7 colių apskritimą. Perkelkite į lėkštės vidurį. Ant viršaus peilio galiuku įpjaukite gilų kryžių, tada lengvai pabarstykite miltais. Lengvai uždenkite virtuviniu popieriumi ir kepkite pilnoje temperatūroje 7 minutes. Duona pakils ir pasklis. Leiskite pastovėti 10 minučių. Pakelkite lėkštę žuvies griežinėlio pagalba ir padėkite ant grotelių. Atvėsusius padalinkite į keturias dalis. Laikykite sandariame inde iki 2 dienų, nes šios rūšies duoną geriausia valgyti šviežią.

Sodos duona su sėlenomis

Padaro 4 mažus kepaliukus

Paruoškite kaip airišką sodos duoną, bet prieš maišydami į skystį įpilkite 60 ml/4 šaukštai rupių sėlenų.

Atgaivinti seną duoną

Duoną ar bandeles sudėkite į rudą popierinį maišelį arba padėkite tarp švaraus virtuvinio rankšluosčio (indų servetėlės) ar stalo servetėlės klosčių. Kaitinkite ant Defrost, kol duonos paviršius šiek tiek sušils. Valgykite iš karto ir nekartokite su tos pačios duonos likučiais.

Graikiška pitta

Padaro 4 kepalus duonos

Padarykite pagrindinę baltos duonos tešlą. Padalinkite į keturias lygias dalis ir kiekvieną švelniai sutrinkite į rutulį. Susukite į ovalus, kurių kiekvienas 30 cm ilgio/12 per vidurį. Lengvai pabarstykite miltais. Sudrėkinkite kraštus vandeniu. Kiekvieną iš jų sulenkite per pusę, kad viršutinis kraštas eitų per apačią. Gerai suspauskite kraštus, kad sujungtumėte. Sudėkite į riebalais išteptą ir miltais pabarstytą skardą. Nedelsdami kepkite įprastoje 230°C/450°F/dujų žymeklio 8 orkaitėje 20–25 minutes, kol kepalai gerai pakils ir taps auksinės spalvos. Atvėsinkite ant grotelių. Palikite atvėsti, tada atidarykite ir valgykite su graikiškais padažais ir kitais maisto produktais.

Želetos vyšnios uoste

Tarnauja 6

750 g/1½ svaro konservuotų morello vyšnių be kauliukų šviesiame sirupe, nusausintos ir paliktos sirupui
15 ml/1 valgomasis šaukštas želatinos miltelių
45 ml/3 šaukštai smulkaus (labai smulkaus) cukraus
2,5 ml/½ arbatinio šaukštelio malto cinamono
Tawny svogūnai
Dviguba (tirštoka) grietinėlė, plakta grietinėlė ir sumaišyti (obuolių pyrago) prieskoniai, papuošimui

Į didelį matavimo puodelį supilkite 30 ml/2 šaukštus sirupo. Įmaišykite želatiną ir palikite 2 minutes suminkštėti. Uždenkite lėkšte ir ištirpinkite ant Defrost 2 minutes. Išmaišykite, kad ištirptų želatina. Įmaišykite likusį vyšnių sirupą, cukrų ir cinamoną. Įpilkite iki 450 ml / ¾ pt / 2 puodeliai svogūnų. Uždenkite kaip anksčiau ir kaitinkite ant visos ugnies 2 minutes tris kartus pamaišydami, kol skystis perkais ir cukrus ištirps. Supilkite į 1,25 litro/2¼ pt/5½ puodelio indą ir palikite atvėsti. Uždenkite ir šaldykite, kol želė mišinys pradės tirštėti ir šiek tiek sukietės aplink dubens šonus. Supilkite vyšnias ir padalinkite į šešis desertinius dubenėlius. Atvėsinkite, kol visiškai sustings. Prieš patiekiant papuošti tiršta grietinėle ir pabarstyti sumaišytų prieskonių.

Želė vyšnios obuolių sidre

Tarnauja 6

Paruoškite kaip vyšnių želė uoste, bet portveiną pakeiskite stipriu sausu sidru ir cinamono 5 ml/1 arbatinio šaukštelio tarkuotos apelsino žievelės.

Virtas ananasas

Tarnauja 8

225 g/8 uncijos/1 puodelis granuliuoto (labai smulkaus) cukraus
150 ml / ¼ pt / 2/3 puodelio šalto vandens
1 didelis šviežias ananasas
6 sveiki gvazdikėliai
5 cm/2 cinamono lazdelės gabalėlyje
1,5 ml/¼ arbatinio šaukštelio tarkuoto muskato riešuto
60 ml/4 šaukštai vidutinio sauso šerio
15 ml/1 valgomasis šaukštas tamsaus romo
Sausainiai (sausainiai), patiekimui

Sudėkite cukrų ir vandenį į 2,5 litro/4½ pt/11 puodelio talpos indą ir gerai išmaišykite. Uždenkite didele apversta lėkšte ir virkite ant Full 8 minutes, kad susidarytų sirupas. Tuo tarpu nulupkite ananasą, išimkite vidurį ir bulvių skustuvo galiuku išimkite „akis". Supjaustykite griežinėliais, tada supjaustykite griežinėliais. Supilkite į sirupą su likusiais ingredientais. Uždenkite maistine plėvele (plastikine plėvele) ir du kartus įrėžkite, kad išsiskirtų garai. Virkite ant visos ugnies 10 minučių, tris kartus apversdami keptuvę. Prieš dėdami į patiekalus ir patiekalus su traškiais sviestiniais sausainiais, palikite pastovėti 8 minutes.

Virti Sharon vaisiai

Tarnauja 8

Ruoškite kaip ir virtą ananasą, tačiau ananasą pakeiskite 8 ketvirčiais padalintais šaronais. Įdėjus į sirupą su kitais ingredientais, virkite iki galo tik 5 minutes. Pagardinkite brendžiu vietoj romo.

Virti persikai

Tarnauja 8

Ruoškite kaip ir virtus ananasus, tačiau ananasą pakeiskite 8 dideliais persikais, perpjautais per pusę ir be kauliukų. Įdėjus į sirupą su kitais ingredientais, virkite iki galo tik 5 minutes. Vietoj romo pagardinkite apelsinų likeriu.

Rožinės kriaušės

Tarnauja 6

450 ml / ¾ pt / 2 puodeliai rožinio vyno
75 g/3 uncijos/1/3 puodelio granuliuoto (labai smulkaus) cukraus
6 desertinės kriaušės, palikite kotelius
30 ml/2 šaukštai kukurūzų miltų (kukurūzų krakmolas)
45 ml/3 šaukštai šalto vandens
45 ml/3 valgomieji šaukštai tawny portveino

Supilkite vyną į gilų indą, pakankamai didelį, kad vienu sluoksniu tilptų visos šone esančios kriaušės. Suberkite cukrų ir gerai išmaišykite. Virkite neuždengtą pilnoje temperatūroje 3 minutes. Tuo tarpu kriaušes nulupkite, stenkitės, kad neprarastumėte stiebų.

Išdėliokite šoną vyno ir cukraus mišinyje. Uždenkite maistine plėvele (plastikine plėvele) ir du kartus įrėžkite, kad išsiskirtų garai. Virkite ant visos ugnies 4 minutes. Su dviem šaukštais apverskite kriaušes. Uždenkite, kaip ir anksčiau, ir virkite visą dar 4 minutes. Leiskite pastovėti 5 minutes. Stačiai išdėliokite serviravimo inde. Kad padažas sutirštėtų, kukurūzų miltus tolygiai sumaišykite su vandeniu ir įmaišykite į uostą. Įmaišykite į vyno mišinį. Virkite neuždengtą ant visos ugnies 5 minutes, kas minutę intensyviai maišydami, kol šiek tiek sutirštės ir taps skaidrūs.

Kalėdų pudingas

Gamina 2 pudingus, po 6–8 porcijas

65 g/2½ uncijos paprastų (visiems tikslams) miltų
15 ml/1 valgomasis šaukštas kakavos (nesaldinto šokolado) miltelių
10 ml/2 arb. sumaišytų (obuolių pyrago) prieskonių arba maltų kvapiųjų pipirų
5 ml/1 arbatinis šaukštelis tarkuotos apelsino arba mandarino žievelės
75 g/3 uncijos/1½ puodelio šviežių rudų džiūvėsėlių
125 g/4 uncijos/½ puodelio tamsiai minkšto rudojo cukraus
450 g / 1 svaras / 4 puodeliai sumaišytų džiovintų vaisių (vaisių pyragų mišinys) su žievele
125 g / 4 uncijos / 1 puodelis kapotų taukų (nebūtinai vegetariškas)

2 dideli kiaušiniai, kambario temperatūros
15 ml/1 valgomasis šaukštas juodosios melasos (melasos)
60 ml / 4 šaukštai Gineso
15 ml/1 valgomasis šaukštas pieno

Kruopščiai sutepkite du 900 ml/1½ pt/3¾ puodelio pudingo puodelius. Miltus, kakavą ir prieskonius persijokite į didelį dubenį. Įdėkite plutą, džiūvėsėlius, cukrų, vaisius ir taukus. Atskirame dubenyje išplakite kiaušinius, melasą, Gineso cukrų ir pieną. Sausus ingredientus sumaišykite šakute, kad gautumėte minkštą mišinį. Padalinkite po lygiai tarp paruoštų dubenėlių. Nedvejodami uždenkite kiekvieną virtuviniu popieriumi. Virkite po vieną pilnoje temperatūroje 4 minutes. Leiskite pastovėti 3 minutes mikrobangų krosnelėje. Kiekvieną pudingą virkite ant visos ugnies dar 2 minutes. Ištraukite iš talpyklos, kai atvės. Kai atvės, suvyniokite dvigubo storio į riebalams atsparų (vaško) popierių ir užšaldykite, kol prireiks. Norėdami patiekti, visiškai atitirpinkite, supjaustykite porcijomis ir atskirai pašildykite lėkštėse 50-60 sekundžių.

Sviestinis slyvų pudingas

Gamina 2 pudingus, po 6–8 porcijas

Paruoškite kaip kalėdinį pudingą, bet lajų pakeiskite 125 g / 4 uncijos / ½ puodelio lydyto sviesto.

Slyvų pudingas su aliejumi

Gamina 2 pudingus, po 6–8 porcijas

Paruoškite kaip kalėdinį pudingą, bet lajų pakeiskite 75 ml/5 šaukštais saulėgrąžų arba kukurūzų aliejaus. Įpilkite dar 15 ml/1 valgomasis šaukštas pieno.

Vaisių suflė stiklinėse

Tarnauja 6

400 g/14 oz/1 didelė skardinė bet kokio vaisių įdaro
3 kiaušiniai, atskirti
90 ml/6 šaukštai plaktos grietinėlės

Supilkite vaisių įdarą į dubenį ir įmaišykite kiaušinių trynius. Kiaušinių baltymus išplakite iki standumo ir švelniai įmaišykite į vaisių mišinį, kol susimaišys. Supilkite mišinį tolygiai į šešias vyno taures (ne krištolines), kol jos bus pusiau pilnos. Virkite garuose ant

Defrost 3 minutes. Mišinys turi pakilti iki kiekvienos stiklinės viršaus, bet ištraukus iš orkaitės šiek tiek kris. Kiekvieno iš viršaus peiliu padarykite plyšį. Į kiekvieną įpilkite po 15 ml/1 arbatinį šaukštelį grietinėlės. Jis tekės akinių šonais iki pagrindo. Patiekite iš karto.

Beveik greitas kalėdinis pudingas

Pagamina 2 pudingus, kiekvienas po 8 porcijas

Visiškai puikūs, neįtikėtinai turtingo skonio, gilaus atspalvio, vaisinio skonio ir greitai sunoksta, todėl jų nereikia ruošti prieš kelias savaites. Konservuotas vaisių įdaras čia yra pagrindinis veiksnys ir yra atsakingas už neabejotiną pudingo sėkmę.

225 g/8 uncijos/4 puodeliai šviežių baltos duonos trupinių

125 g/4 uncijos/1 puodelis paprastų (universalių) miltų

12,5 ml/2½ šaukštelio maltų kvapiųjų pipirų

175 g/6 uncijos/¾ puodelio tamsiai minkšto rudojo cukraus

275 g/10 uncijos/2¼ puodeliai smulkiai supjaustyto lajaus (nebūtinai vegetariškas)

675 g/1½ svaro/4 puodeliai sumaišytų džiovintų vaisių (vaisių pyrago mišinys)

3 kiaušiniai, gerai išplakti

400 g/14 oz/1 didelė skardinė Vyšnių vaisių įdaras

30 ml/2 šaukštai juodosios melasos (melasos)

Olandiškas sviesto maišytuvo kremas arba plakta grietinėlė patiekimui.

Kruopščiai sutepkite du 900 ml/1½ pt/3¾ puodelio pudingo puodelius. Į dubenį suberkite džiūvėsėlius ir persijokite miltus bei kvapiuosius pipirus. Suberkite cukrų, lašinius ir džiovintus vaisius. Sumaišykite su kiaušiniais, vaisių įdaru ir melasa į gana minkštą mišinį. Suskirstykite į paruoštus dubenėlius ir kiekvieną uždenkite virtuviniu popieriumi. Virkite po vieną pilnoje temperatūroje 6 minutes. Leiskite pastovėti 5 minutes mikrobangų krosnelėje. Kiekvieną pudingą kepkite ant Full dar 3 minutes, du kartus apversdami keptuvę. Ištraukite iš talpyklos, kai atvės. Kai atvės, suvyniokite į riebalams atsparų (vaško) popierių ir laikykite šaldytuve, kol prireiks. Supjaustykite gabalėliais ir pašildykite pagal paruoštų maisto produktų lentelėje pateiktas instrukcijas. Patiekite su grietinėle iš blenderio arba plakta grietinėle.

Itin vaisingas kalėdinis pudingas

Tarnauja 8-10

Senas produktas iš Billington's Sugar, kuriame cukrus pakeičiamas sviestu arba margarinu.

75 g/3 uncijos/¾ puodelio paprastų (universalių) miltų

7,5 ml/1½ šaukštelio maltų kvapiųjų pipirų

40 g/1½ uncijos/¾ puodelio viso grūdo džiūvėsėlių

75 g/3 uncijos/1/3 puodelio demerara cukraus

75 g/3 uncijos/1/3 melasos cukraus

125 g / 4 uncijos / 2/3 puodelio serbentų

125 g/4 uncijos/2/3 puodelio sultonų (auksinių razinų)

125 g/4 uncijos/2/3 puodelio džiovintų abrikosų, susmulkintų

45 ml/3 šaukštai smulkintų skrudintų lazdyno riešutų

1 mažas valgomasis (desertinis) obuolys, nuluptas ir sutarkuotas

Smulkiai nutarkuota 1 mažo apelsino žievelė ir sultys

50 ml / 2 fl uncijos / 3½ šaukštai šalto pieno

75 g/3 uncijos/1/3 puodelio sviesto arba margarino

50g/2oz paprasto (pusiau saldaus) šokolado, susmulkinto gabalėliais

1 didelis kiaušinis, sumuštas

Brendžio padažas

900 ml/1½ pt/3¾ puodelio pudingo indą gerai ištepkite sviestu. Miltus ir prieskonius persijokite į didelį dubenį. Suberkite džiūvėsėlius ir cukrų ir išmaišykite, kad įsitikintumėte, jog gabalėliai nesuskils. Sumaišykite džiovintus serbentus, sultonus, abrikosus, riešutus, obuolių žievelę ir apelsinus. Į ąsotį supilkite apelsinų sultis. Įpilkite pieno, sviesto arba margarino ir šokolado. Kaitinkite ant Defrost 2½-3 minutes, kol sviestas ir šokoladas ištirps. Sausus ingredientus sumaišykite su šakute išplaktu kiaušiniu. Supilkite į paruoštą dubenį. Laisvai uždenkite pergamentu arba riebalams atspariu (vaško) popieriumi. Virkite pilnoje temperatūroje 5 minutes, du kartus

apversdami keptuvę. Leiskite pastovėti 5 minutes. Virkite pilnoje temperatūroje dar 5 minutes, du kartus apversdami keptuvę. Palikite 5 minutes pailsėti, prieš išversdami į lėkštę ir patiekite su brendžio padažu.

Slyvų trupinys

Tarnauja 4

450 g/1 svaro slyvos be kauliukų
125 g/4 uncijos/½ puodelio minkšto rudojo cukraus
175 g / 6 uncijos / 1½ puodeliai paprastų (visiems tikslams) pilno grūdo miltų
125 g/4 uncijos/½ puodelio sviesto arba margarino
75 g/3 uncijos/1/3 puodelio demerara cukraus
2,5 ml/½ arbatinio šaukštelio maltų kvapiųjų pipirų (nebūtina)

Sudėkite slyvas į sviestu išteptą 1 kv./1¾ pt/4¼ puodelio pyrago formą. Įmaišykite cukrų. Į dubenį supilkite miltus ir lengvai įtrinkite sviestą arba margariną. Suberkite cukrų ir prieskonius ir išmaišykite. Mišiniu storai pabarstykite vaisius. Virkite neuždengtą ant visos ugnies 10 minučių, du kartus apversdami keptuvę. Leiskite pastovėti 5 minutes. Valgykite karštą arba šiltą.

Truputis slyvų ir obuolių

Tarnauja 4

Paruoškite kaip „Plum Crumble", bet pusę slyvų pakeiskite 225 g/8 uncijos nuluptais ir griežinėliais supjaustytais obuoliais. Į vaisius ir cukrų įpilkite 5 ml/1 arbatinį šaukštelį nutarkuotos citrinos žievelės.

Abrikosų trupinys

Tarnauja 4

Paruoškite kaip „Plum Crumble", tačiau slyvas pakeiskite šviežiais abrikosais be kauliukų.

Uogų trupiniai su migdolais

Tarnauja 4

Paruoškite kaip Plum Crumble, bet slyvas pakeiskite paruoštomis mišriomis uogomis. Į trupinių mišinį įpilkite 30 ml/2 šaukštus skrudintų migdolų drožlių (supjaustytų griežinėliais).

Kriaušių ir rabarbarų trupiniai

Tarnauja 4

Paruoškite kaip Plum Crumble, bet slyvas pakeiskite nuluptų ir susmulkintų kriaušių bei kapotų rabarbarų mišiniu.

Nektarinų ir mėlynių trupiniai

Tarnauja 4

Ruoškite kaip Plum Crumble, bet slyvas pakeiskite nektarinų (be kauliukų) ir griežinėliais pjaustytų mėlynių mišiniu.

Apple Betty

Tarnauja 4-6

50 g/2 uncijos/¼ puodelio sviesto arba margarino

125 g / 4 uncijos / 2 puodeliai traškių džiūvėsėlių, pirktų parduotuvėje arba pagamintų iš skrebučio

175 g/6 uncijos/¾ puodelio šviesiai minkšto rudojo cukraus

750 g / 1½ svaro virti (rūgštūs) obuoliai, nulupti, nulupti ir plonais griežinėliais

30 ml/2 šaukštai citrinos sulčių

Nutarkuota 1 mažos citrinos žievelė

2,5 ml/½ arbatinio šaukštelio malto cinamono

75 ml/5 šaukštai šalto vandens

Dviguba (sunki) grietinėlė, plakta grietinėlė arba ledai, patiekimui

Ištepkite sviestu 600 ml/1 pt/2½ puodelio pyrago indą. Aukščiausioje temperatūroje 45 sekundes ištirpinkite sviestą arba margariną. Įmaišykite džiūvėsėlius ir du trečdalius cukraus. Sumaišykite obuolių skilteles, citrinos sultis, citrinos žievelę, cinamoną, vandenį ir likusį cukrų. Paruoštą pyrago formą pakaitomis užpildykite džiūvėsėlių ir obuolių mišinio sluoksniais, pradedant ir baigiant džiūvėsėliais. Kepkite neuždengtą ant visos ugnies 7 minutes, du kartus apversdami keptuvę. Prieš valgydami su riebia grietinėle ar ledais, palikite pastovėti 5 minutes.

Nektarinas arba persikas Betty

Tarnauja 4-6

Paruoškite kaip Apple Betty, bet obuolius pakeiskite griežinėliais pjaustytais nektarinais (be kauliukų) arba persikais.

Artimųjų Rytų pudingas su graikiniais riešutais

Tarnauja 6

Tai puikus pudingas iš to, kas kadaise buvo žinoma kaip Arabija. Apelsinų žiedų vandens galima įsigyti kai kuriuose prekybos centruose ir vaistinėse.

6 dideli susmulkinti kviečių grūdai
100 g/3½ uncijos/1 puodelis skrudintų pušies riešutų
125 g/4 uncijos/½ puodelio granuliuoto (labai smulkaus) cukraus
150 ml / ¼ pt / 2/3 puodelio nenugriebto pieno
50 g / 2 uncijos / ¼ puodelio sviesto (ne margarino)
45 ml/3 šaukštai apelsinų žiedų vandens

Ištepkite sviestu 20 cm/8 gylio indą ir ant dugno sutrinkite 3 susmulkintus kviečius. Sumaišykite riešutus ir cukrų ir tolygiai pabarstykite ant viršaus. Susmulkinkite likusius susmulkintus kviečius. Pieną ir sviestą kaitinkite neuždengtame puode ant visos ugnies 1,5 minutės. Vandenį sumaišykite su apelsinų žiedais. Šaukštu švelniai sudėkite į indą esančius ingredientus. Virkite neuždengę pilnoje temperatūroje 6 minutes. Prieš patiekdami leiskite pastovėti 2 minutes.

Vasaros vaisių kokteilis

Tarnauja 8

225 g / 8 uncijos / 2 puodeliai agrastų su viršūnėmis ir uodegomis
225 g / 8 uncijos rabarbarų, susmulkintų
30 ml/2 šaukštai šalto vandens
250 g/8 uncijos/1 puodelis granuliuoto (labai smulkaus) cukraus
450 g / 1 svaro braškių, supjaustytų griežinėliais
125 g/4 uncijos aviečių
125 g raudonųjų serbentų be stiebų
30 ml / 2 šaukštai cassis arba apelsinų likerio (nebūtina)

Agrastus ir rabarbarus sudėkite į gilų dubenį su vandeniu. Uždenkite maistine plėvele (plastikine plėvele) ir du kartus įrėžkite, kad išsiskirtų garai. Kepkite pilnoje temperatūroje 6 minutes, vieną kartą apversdami keptuvę. Atrasti. Suberkite cukrų ir maišykite, kol ištirps. Įmaišykite likusius vaisius. Atvėsus uždenkite ir gerai atšaldykite. Įpilkite Cassis arba likerio, jei naudojate, prieš patiekdami.

Artimųjų Rytų datulių ir bananų mišinys

Tarnauja 6

Žiemą galima įsigyti šviežių datulių, dažniausiai iš Izraelio.

450 g/1 svaras šviežių datulių
450 g/1 svaro bananų
½ citrinos sultys
½ apelsino sultys
45 ml/3 šaukštai apelsinų arba abrikosų brendžio
15 ml/1 valgomasis šaukštas rožių vandens
30 ml/2 šaukštai demeraro cukraus
Sausainiai, patiekimui

Nuo datulių nulupkite odelę ir perpjaukite per pusę, kad neliktų kauliukų (kauliukų). Sudėkite į 1,75 kv./3 pt/7½ puodelio serviravimo dubenį. Nulupkite bananus ir supjaustykite juos tiesiai ant viršaus. Sudėkite visus likusius ingredientus ir švelniai išmaišykite. Uždenkite maistine plėvele (plastikine plėvele) ir du kartus įrėžkite, kad išsiskirtų garai. Kepkite ant visos ugnies 6 minutes, du kartus apversdami keptuvę. Valgykite šiltą su biskvitu.

Mišrios džiovintų vaisių salotos

Tarnauja 4

*225 g/8 uncijos mišrių džiovintų vaisių, tokių kaip obuolių žiedai,
abrikosai, persikai, kriaušės, slyvos
300 ml/½ pt/1¼ puodelio verdančio vandens
50 g / 2 uncijos / ¼ puodelio granuliuoto cukraus
10 ml/2 arbatiniai šaukšteliai smulkiai tarkuotos citrinos žievelės
Tirštas paprastas jogurtas, skirtas patiekti*

Kruopščiai nuplaukite vaisius ir sudėkite į 1,25 litro / 2¼ pt / 5½ puodelio indą. Sumaišykite vandenį ir cukrų. Uždenkite lėkšte ir palikite 4 valandas. Perkelkite į mikrobangų krosnelę ir virkite ant visos ugnies apie 20 minučių, kol vaisiai suminkštės. Įmaišykite citrinos žievelę ir patiekite šiltą su tirštu jogurtu.

Saldus obuolių ir gervuogių pudingas

Tarnauja 6

Truputis lydyto sviesto
275 g/10 uncijos/2¼ puodeliai savaime kylančių (savaime kylančių) miltų
150 g/5 uncijos/2/3 puodelio sviesto arba margarino, kambario temperatūros
125 g/4 uncijos/½ puodelio minkšto rudojo cukraus
2 kiaušiniai, sumušti
400 g/14 oz/1 didelės skardinės obuolių ir gervuogių vaisių įdaras
45 ml/3 šaukštai šalto pieno
Grietinėlė arba grietinėlė patiekimui

1,25 kv./2¼ pt/5½ puodelio apvalų suflė indą ištepkite lydytu sviestu. Miltus persijokite į dubenį ir įtrinkite sviestą arba margariną. Suberkite cukrų ir, greitai, neplakdami, įmaišykite į minkštą mišinį su kiaušiniais, vaisių įdaru ir pienu. Tolygiai paskirstykite paruoštame inde. Virkite neuždengtą ant visos ugnies 9 minutes tris kartus apversdami keptuvę. Leiskite pastovėti 5 minutes. Apverskite į pašildytą negilų indą. Šaukštu dėkite ant serviravimo lėkščių su grietinėle arba kremu.

Citrininis braškių pudingas

Tarnauja 4

Truputis lydyto sviesto
225 g / 8 uncijos / 2 puodeliai susmulkintų gervuogių
Smulkiai nutarkuota 1 citrinos žievelė ir sultys
225 g/8 uncijos/2 puodeliai savaime kylančių (savaime kylančių) miltų
125 g/4 uncijos/½ puodelio sviesto arba margarino
100 g / 3½ uncijos / šiek tiek ½ puodelio tamsiai minkšto rudojo cukraus
2 kiaušiniai, sumušti
60 ml/4 šaukštai šalto pieno
Grietinėlė, ledai arba citrinų šerbetas, patiekti

Gilų 18 cm/7 skersmens indą ištepkite lydytu sviestu. Sumaišykite gervuoges su citrinos žievele ir sultimis ir atidėkite. Miltus persijokite į dubenį. Įtrinkite sviestą ir cukrų. Sumaišykite iki minkštos konsistencijos su grūstais vaisiais, kiaušiniais ir pienu. Tolygiai paskirstykite paruoštame inde. Virkite neuždengtą ant visos ugnies 7-8 minutes, kol pudingas pakils į keptuvės viršų ir ant viršaus neliks blizgių dėmių. Leiskite pastovėti 5 minutes, per tą laiką pudingas šiek tiek nukris. Peiliu atlaisvinkite kraštus ir apverskite ant įkaitintos lėkštės. Valgykite šiltą su grietinėle, ledais ar citrinų šerbetu.

Citrinų ir aviečių pudingas

Tarnauja 4

Paruoškite kaip citrininį bramble pudingą, bet avietes pakeiskite gervuogėmis.

Vartojamas abrikosų ir riešutų pudingas

Tarnauja 8

Dėl pudingo:

50 g/2 uncijos/¼ puodelio sviesto arba margarino
50 g/2 uncijos/¼ puodelio šviesiai minkšto rudojo cukraus
400 g/14 uncijų konservuotų abrikosų puselių sirupe, nusausintos ir paliktos sirupą
50 g/2 uncijos/½ puodelio graikinių riešutų puselių

Užpilui:

225 g/8 uncijos/2 puodeliai savaime kylančių (savaime kylančių) miltų
125 g/4 uncijos/½ puodelio sviesto arba margarino
125 g/4 uncijos/½ puodelio granuliuoto (labai smulkaus) cukraus
Smulkiai tarkuota 1 apelsino žievelė
2 kiaušiniai
75 ml/5 šaukštai šalto pieno
2,5–5 ml/½–1 arbatinis šaukštelis migdolų esencijos (ekstraktas)
Kavos ledai, patiekti

Norėdami paruošti pudingą, gilaus 25 cm/10 cm skersmens indo dugną ir šonus ištepkite sviestu. Įpilkite sviesto arba margarino. Atšildykite, neuždengę, atšildydami 2 minutes. Sviestą pabarstykite ruduoju cukrumi taip, kad jis beveik padengtų indo dugną. Abrikosų puseles gražiai išdėliokite ant cukraus, nupjautomis pusėmis į jas ir įdėkite į graikinių riešutų puseles.

Užpilui į dubenį persijokite miltus. Smulkiai įtrinkite sviestą arba margariną. Suberkite cukrų ir apelsino žievelę ir išmaišykite, kad susimaišytų. Likusius ingredientus gerai išmaišykite, tada šakute įmaišykite sausus ingredientus iki vientisos masės. Tolygiai paskirstykite ant vaisių ir riešutų. Virkite neuždengtą pilnoje temperatūroje 10 minučių. Palikite pastovėti 5 minutes, tada atsargiai apverskite į negilų indą. Rezervuotą sirupą kaitinkite ant Full 25 sekundes. Pudingą patiekite su kavos ledais ir šiltu sirupu.

Bananas Foster

Tarnauja 4

Iš Naujojo Orleano ir pavadintas Dicko Fosterio vardu, kuris šeštajame dešimtmetyje buvo atsakingas už miesto moralės valymą. Arba taip istorija.

25 g/1 uncijos/2 šaukštai sviesto arba saulėgrąžų margarino
4 bananai
45 ml/3 šaukštai tamsiai minkšto rudojo cukraus
1,5 ml/¼ arbatinio šaukštelio malto cinamono
5 ml/1 arbatinis šaukštelis smulkiai tarkuotos apelsino žievelės
60 ml/4 šaukštai tamsaus romo
Vaniliniai ledai, patiekti

Sviestą sudėkite į gilų 23 cm/9 skersmens indą. Atitirpinkite 1½ minutės. Bananus nulupkite, perpjaukite per pusę išilgai, tada kiekvieną pusę perpjaukite į dvi dalis. Sudėkite į dubenį ir pabarstykite cukrumi, cinamonu ir apelsino žievele. Uždenkite maistine plėvele (plastikine plėvele) ir du kartus įrėžkite, kad išsiskirtų garai. Virkite ant visos ugnies 3 minutes. Leiskite pastovėti 1 minutę. Įkaitinkite romą ant Defrost, kol sušils. Degtuku uždekite romą ir užpilkite neuždengtus bananus. Patiekite su sodriais vaniliniais ledais.

Misisipės prieskonių pyragas

Tarnauja 8

Dėžutei (pyrago apvalkalui):

225 g/8 uncijos paruoštos trapios tešlos (pagrindinė pyrago pluta)

1 kiaušinio trynys

Įdarui:

450 g / 1 svaras geltonos minkštimo, rausvos spalvos saldžiosios bulvės, nuluptos ir supjaustytos kubeliais

60 ml/4 šaukštai verdančio vandens

75 g/3 uncijos/1/3 puodelio granuliuoto (labai smulkaus) cukraus

10 ml/2 arbatiniai šaukšteliai maltų kvapiųjų pipirų

3 dideli kiaušiniai

150 ml / ¼ pt / 2/3 puodelio šalto pieno

30 ml/2 šaukštai lydyto sviesto

Patiekimui plakta grietinėle arba vaniliniai ledai

Norėdami pagaminti paplotėlį, tešlą plonai iškočiokite ir išklokite lengvai sviestu pateptą 23 cm/9 skersmens paplotėlio formą.Gerai subadyti šakute, ypač ten, kur šonas susikerta su pagrindu. Kepkite neuždengtą ant visos ugnies 6 minutes tris kartus apversdami keptuvę. Jei atsiranda iškilimų, švelniai paspauskite pirštais, dėvėdami orkaitės pirštines. Viską aptepkite kiaušinio tryniu, kad užsandarintumėte skylutes. Virkite neuždengę ant pilnos ugnies dar 1 minutę. Atidėti.

Norėdami pagaminti įdarą, sudėkite bulves į 1 kv./1¾ pt/4¼ puodelio troškinimo indą. Įpilkite verdančio vandens. Uždenkite maistine plėvele (plastikine plėvele) ir du kartus įrėžkite, kad išsiskirtų garai. Virkite ant visos ugnies 10 minučių, du kartus apversdami keptuvę. Leiskite pastovėti 5 minutes. Nusausinkite. Sudėkite į virtuvinį kombainą arba blenderį ir sudėkite likusius ingredientus. Apdorokite iki vientisos pastos. Tolygiai paskirstykite kepimo skardoje. Kepkite neuždengę Defrost 20-25 minutes, kol įdaras sustings, keptuvę apversdami keturis kartus. Atvėsinkite iki drungnos. Supjaustykite porcijomis ir patiekite su plakta grietinėle arba vaniliniais ledais.

Jamaikos pudingas

Patiekiama 4-5

225 g/8 uncijos/2 puodeliai savaime kylančių (savaime kylančių) miltų
125 g/4 uncijos/½ puodelio baltųjų kepimo riebalų (alyvuogių) ir margarino
125 g/4 uncijos/½ puodelio granuliuoto (labai smulkaus) cukraus
2 dideli kiaušiniai, sumušti
50 g / 2 uncijos / ¼ puodelio konservuotų susmulkintų ananasų su sirupu
15 ml/1 valgomasis šaukštas kavos ir cikorijos arba kavos likerio esencijos (ekstrakto).
Kremas kremas, patiekimui

Ištepkite sviestu 1,75 kv./3 pt/7½ puodelio suflė patiekalą. Miltus persijokite į dubenį ir švelniai įtrinkite į riebalus. Įmaišykite cukrų. Sumaišykite šakute iki minkštos konsistencijos su kiaušiniais, ananasais su sirupu ir kavos esencija arba likeriu. Tolygiai paskirstykite inde. Kepkite neuždengtą pilnoje temperatūroje 6 minutes, vieną kartą apversdami keptuvę. Apverskite ant serviravimo lėkštės ir palikite 5 minutes pailsėti. Įdėkite atgal į mikrobangų krosnelę. Virkite ant visos ugnies dar 1-1,5 minutės. Patiekite su grietinėle.

Moliūgų pyragas

Tarnauja 8

Jis valgomas Šiaurės Amerikoje kiekvieną lapkričio paskutinį ketvirtadienį švenčiant Padėkos dieną.

Dėžutei (pyrago apvalkalui):
225 g/8 uncijos paruoštos trapios tešlos (pagrindinė pyrago pluta)
1 kiaušinio trynys

Įdarui:
½ mažo moliūgo arba 1,75 kg/4 svarų porcijos, be sėklų
30 ml/2 šaukštai juodosios melasos (melasos)
175 g/6 uncijos/¾ puodelio šviesiai minkšto rudojo cukraus
15 ml/1 valgomasis šaukštas kukurūzų miltų (kukurūzų krakmolas)
10 ml/2 arbatiniai šaukšteliai maltų kvapiųjų pipirų
150 ml/¼ pt/2/3 puodelio dvigubos (tirštos) grietinėlės
3 kiaušiniai, sumušti
Plakta grietinėlė, patiekimui

Norėdami pagaminti paplotėlį, tešlą plonai iškočiokite ir išklokite lengvai sviestu pateptą 23 cm/9 skersmens paplotėlio formą. Gerai subadyti šakute, ypač ten, kur šonas susikerta su pagrindu. Kepkite neuždengtą ant visos ugnies 6 minutes tris kartus apversdami keptuvę. Jei atsiranda iškilimų, švelniai paspauskite pirštais, dėvėdami orkaitės pirštines. Viską aptepkite kiaušinio tryniu, kad užsandarintumėte skylutes. Virkite neuždengę ant pilnos ugnies dar 1 minutę. Atidėti.

Įdarui moliūgą dėkite į lėkštę. Kepkite neuždengtą pilnoje temperatūroje 15-18 minučių, kol mėsa suminkštės. Nuimkite nuo odos šaukštu ir palikite atvėsti, kol sušils. Sumaišykite iki vientisos masės su likusiais ingredientais. Šaukštu supilkite į tešlos formą, kuri vis dar yra inde. Kepkite neuždengtą ant visos ugnies 20-30 minučių, kol įdaras sustings, keptuvę apversdami keturis kartus. Patiekite šiltą su plakta grietinėle. Jei norite, naudokite 425 g / 15 uncijos / 2 puodelius konservuotų moliūgų, o ne šviežių.

Avižų sirupo pyragas

Tarnauja 6-8

Naujausia melasos pyrago versija.

Dėžutei (pyrago apvalkalui):
225 g/8 uncijos paruoštos trapios tešlos (pagrindinė pyrago pluta)
1 kiaušinio trynys

Įdarui:
125 g/4 uncijos/2 puodeliai skrudinto muslio su vaisiais ir riešutais
75 ml/5 šaukštai auksinio (šviesaus kukurūzų) sirupo
15 ml/1 valgomasis šaukštas juodosios melasos (melasos)
Plakta grietinėlė, patiekimui

Norėdami pagaminti paplotėlį, tešlą plonai iškočiokite ir išklokite lengvai sviestu pateptą 23 cm/9 skersmens paplotėlio formą. Gerai subadyti šakute, ypač ten, kur šonas susikerta su pagrindu. Kepkite neuždengtą ant visos ugnies 6 minutes tris kartus apversdami keptuvę. Jei atsiranda iškilimų, švelniai paspauskite pirštais, dėvėdami orkaitės pirštines. Viską aptepkite kiaušinio tryniu, kad užsandarintumėte skylutes. Virkite neuždengę ant pilnos ugnies dar 1 minutę. Atidėti.

Norėdami pagaminti įdarą, sumaišykite muslią, sirupą ir melasą ir šaukštu supilkite į iškeptą skardą. Virkite neuždengtą pilnoje temperatūroje 3 minutes. Leiskite pastovėti 2 minutes. Virkite neuždengę ant pilnos ugnies dar 1 minutę. Patiekite su grietinėle.

Kokosinio biskvito keptuvė

Tarnauja 8-10

Dėžutei (pyrago apvalkalui):
225 g/8 uncijos paruoštos trapios tešlos (pagrindinė pyrago pluta)
1 kiaušinio trynys

Įdarui:
175 g/6 uncijos/1½ puodeliai savaime kylančių (savaime kylančių)
miltų
75 g/3 uncijos/1/3 puodelio sviesto arba margarino
75 g/3 uncijos/1/3 puodelio granuliuoto (labai smulkaus) cukraus
75 ml/5 šaukštai džiovinto (tarkuoto) kokoso
2 kiaušiniai
5 ml/1 arbatinis šaukštelis vanilės esencijos (ekstraktas)
60 ml/4 šaukštai šalto pieno
30 ml/2 šaukštai braškių arba juodųjų serbentų uogienės (taupyti)

Glajui (glazūrai):
225 g/8 uncijos/1 1/3 stiklinės miltinio (konditerinio) cukraus, išsijoto
Apelsinų žiedų vanduo

Norėdami pagaminti paplotėlį, tešlą plonai iškočiokite ir išklokite lengvai sviestu pateptą 23 cm/9 skersmens paplotėlio formą. Gerai subadyti šakute, ypač ten, kur šonas susikerta su pagrindu. Kepkite neuždengtą ant visos ugnies 6 minutes tris kartus apversdami keptuvę. Jei atsiranda iškilimų, švelniai paspauskite pirštais, dėvėdami orkaitės pirštines. Viską aptepkite kiaušinio tryniu, kad užsandarintumėte skylutes. Virkite neuždengę ant pilnos ugnies dar 1 minutę. Atidėti.

Norėdami paruošti kokoso įdarą, miltus persijokite į maišymo dubenį. Įtrinkite sviestu arba margarinu. Suberkite cukrų ir kokosą, tada sumaišykite su kiaušiniais, vanile ir pienu į minkštą tešlą. Užtepkite uogienę ant konditerijos formelės, kuri vis dar yra inde. Tolygiai paskleiskite kokosų mišiniu. Kepkite neuždengtą ant visos ugnies 6 minutes, keturis kartus apversdami keptuvę. Blynas yra paruoštas, kai viršus atrodo sausas ir nėra lipnių dėmių. Leiskite visiškai atvėsti.

Norėdami pagaminti glajų, cukraus pudrą sumaišykite su tiek apelsinų žiedų vandens, kad susidarytų tirštas glajus; turėtų pakakti kelių arbatinių šaukštelių. Išdėstykite ant flanšo viršaus. Prieš pjaustydami palikite sustingti.

Paprastas Bakewell pyragas

Tarnauja 8-10

Ruoškite kaip kokosinį biskvitą, bet naudokite aviečių uogienę (konservuotą), o kokosą pakeiskite maltais migdolais.

Trapus maltos mėsos pyragas

Tarnauja 8-10

Dėžutei (pyrago apvalkalui):

225 g/8 uncijos paruoštos trapios tešlos (pagrindinė pyrago pluta)
1 kiaušinio trynys

Įdarui:

350 g/12 uncijų/1 puodelis maltos mėsos

Graikinių riešutų trupiniams:

50 g / 2 uncijos / ¼ puodelio sviesto
125 g/4 uncijos/1 puodelis savaime kylančių (savaime kylančių) miltų, išsijotų
50 g/2 uncijos/¼ puodelio demeraro cukraus
5 ml/1 arbatinis šaukštelis malto cinamono
60 ml/4 šaukštai smulkiai pjaustytų graikinių riešutų

Tarnauti:

Plakta grietinėlė, grietinėlė arba ledai

Norėdami pagaminti paplotėlį, tešlą plonai iškočiokite ir išklokite lengvai sviestu pateptą 23 cm/9 skersmens paplotėlio formą. Gerai subadyti šakute, ypač ten, kur šonas susikerta su pagrindu. Kepkite neuždengtą ant visos ugnies 6 minutes tris kartus apversdami keptuvę. Jei atsiranda iškilimų, švelniai paspauskite pirštais, dėvėdami orkaitės pirštines. Viską aptepkite kiaušinio tryniu, kad užsandarintumėte skylutes. Virkite neuždengę ant pilnos ugnies dar 1 minutę. Atidėti.

Norėdami pagaminti įdarą, į pyrago formą tolygiai paskirstykite faršą.

Norėdami susmulkinti riešutus, sviestą įtrinkite į miltus ir sumaišykite su cukrumi, cinamonu ir riešutais. Lygiu sluoksniu užspauskite maltą mėsą. Palikite neuždengtą ir kepkite ant Full 4 minutes, pyragą apversdami du kartus. Leiskite pastovėti 5 minutes. Supjaustykite griežinėliais ir patiekite karštą su plakta grietinėle, grietinėle ar ledais.

Duonos ir sviesto pudingas

Tarnauja 4

Didžiosios Britanijos mėgstamiausias pudingas.

4 didelės riekelės baltos duonos
50 g/2 uncijos/¼ puodelio kambario temperatūros sviesto arba minkšto sviesto užtepėlės
50 g / 2 uncijos / 1/3 puodelio serbentų
50 g/2 uncijos/¼ puodelio granuliuoto (labai smulkaus) cukraus
600 ml / 1 pt / 2½ puodelio šalto pieno
3 kiaušiniai
30 ml/2 šaukštai demeraro cukraus
Tarkuoto muskato riešuto

Palikite plutą ant duonos. Kiekvieną griežinėlį ištepkite sviestu, tada supjaustykite į keturis kvadratus. Kruopščiai ištepkite sviestu 1,75 kv./3 pt/7½ puodelio gilų kvadratinį arba ovalų indą. Pusę duonos kvadrato paskleiskite ant pagrindo, sviestine puse į viršų. Pabarstykite serbentais ir cukrumi. Uždenkite likusia duona, vėl sviestu patepta puse į viršų. Supilkite pieną į ąsotį ar dubenį. Šiltas, neuždengtas, pilnoje temperatūroje 3 minutes. Kruopščiai išplakite kiaušinius. Lėtai ir švelniai užpilkite ant duonos. Demerarą pabarstykite cukrumi ir muskato riešutu. Leiskite pastovėti 30 minučių, laisvai uždengę riebalams atsparaus (vaško) popieriaus gabalėliu. Virkite neuždengę, kad atitirptų 30 minučių. Prieš patiekdami, apkepkite viršų po karštu griliu (broileriu).

Citrinų varškės duona ir sviestinis pudingas

Tarnauja 4

Paruoškite kaip duonos ir sviesto pudingą, bet vietoj sviesto ant duonos tepkite citrinų varškę.

Keptas kiaušinių kremas

Tarnauja 4

Puikiai tinka valgyti vieną, su bet kokiu vaisių salotų ar vasariškų vaisių kokteilių deriniu.

300 ml/½ pt/1¼ puodelio vienos (lengvos) grietinėlės arba nenugriebto pieno
3 kiaušiniai
1 kiaušinio trynys
100 g / 3½ uncijos / šiek tiek ½ puodelio norimo (labai smulkaus) cukraus
5 ml/1 arbatinis šaukštelis vanilės esencijos (ekstraktas)
2,5 ml/½ arbatinio šaukštelio tarkuoto muskato riešuto

Gausiai sutepkite sviestu 1 kv./1¾ pt/4¼ puodelio troškinimo indą. Į ąsotį supilkite grietinėlę arba pieną. Kaitinkite neuždengtą ant visos ugnies 1,5 minutės. Sumaišykite visus likusius ingredientus, išskyrus muskato riešutą. Perkoškite į dubenį. Įdėkite į kitą 2 kv./3½ pt/8½ puodelio indą. Į didesnį dubenį supilkite verdantį vandenį, kol jis pasieks grietinėlės lygį mažesniame dubenyje. Kremo viršų pabarstykite muskato riešutu. Virkite neuždengę pilnoje temperatūroje 6-8 minutes, kol kremas tiesiog sutirštės. Išimkite iš mikrobangų krosnelės ir palikite pastovėti 7 minutes. Pakelkite dubenį su kremu iš didesnio dubens ir toliau stovėkite, kol centras sustings. Patiekite šiltą arba šaltą.

Manų kruopų pudingas

Tarnauja 4

Maistas darželyje, bet vis dar populiarus tarp visų.

50 g/2 uncijos/1/3 puodelio manų kruopų (kviečių grietinėlės)
50 g/2 uncijos/¼ puodelio granuliuoto (labai smulkaus) cukraus
600 ml / 1 pt / 2½ puodeliai pieno
10 ml/2 arbatiniai šaukšteliai sviesto arba margarino

Sudėkite manų kruopas į maišymo dubenį. Įmaišykite cukrų ir pieną. Virkite neuždengtą aukštoje temperatūroje 7–8 minutes, kas minutę gerai maišydami, kol užvirs ir sutirštės. Įmaišykite sviestą arba margariną. Perkelkite į serviravimo dubenėlius valgyti.

Maltų ryžių pudingas

Tarnauja 4

Paruoškite kaip manų kruopų pudingą, bet manų kruopas pakeiskite maltais ryžiais (kviečių grietinėle).

Garuose virtas melasos pudingas

Tarnauja 4

45 ml/3 šaukštai auksinio (šviesaus kukurūzų) sirupo
125 g/4 uncijos/1 puodelis savaime kylančių (savaime kylančių) miltų
50 g / 2 uncijos / ½ puodelio susmulkintų taukų (nebūtina vegetariška)
50 g/2 uncijos/¼ puodelio granuliuoto (labai smulkaus) cukraus
1 kiaušinis
5 ml/1 arbatinis šaukštelis vanilės esencijos (ekstraktas)
90 ml/6 šaukštai šalto pieno

Kruopščiai ištepkite 1,25 kv./2¼ pt/5½ puodelio pudingo formą. Supilkite sirupą, kol jis padengs pagrindą. Miltus persijokite į dubenį ir sumaišykite su riebalais bei cukrumi. Kruopščiai išplakite kiaušinį, vanilės skonį ir pieną, tada šakute įmaišykite sausus ingredientus. Supilkite į dubenį. Virkite neuždengtą ant visos ugnies 4–4,5 minutės, kol pudingas pakils į keptuvės viršų. Leiskite pastovėti 2 minutes. Apverskite ir sudėkite į keturias lėkštes. Patiekite su bet kokiu saldžiu desertiniu padažu.

Marmeladas arba medaus pudingas

Tarnauja 4

Paruoškite kaip garuose virtą melasos pudingą, bet sirupą pakeiskite marmeladu arba medumi.

Imbiero pudingas

Tarnauja 4

Paruoškite kaip garuose virtą melasos pudingą, bet 10 ml/2 šaukštelio malto imbiero persijokite su miltais.

Pudingas su uogiene

Tarnauja 4

45 ml/3 šaukštai aviečių uogienės (taupyti)
175 g/6 uncijos/1½ puodeliai savaime kylančių (savaime kylančių) miltų
75 g/3 uncijos/1/3 puodelio sviesto arba margarino
75 g/3 uncijos/1/3 puodelio granuliuoto (labai smulkaus) cukraus
2 kiaušiniai
45 ml/3 šaukštai šalto pieno
5 ml/1 arbatinis šaukštelis vanilės esencijos (ekstraktas)
Plakta grietinėlė arba grietinėlė patiekimui

Šaukštu supilkite uogienę į gerai išteptą 1,5 kv./2½ pt/6 puodelių pudingo indą. Miltus persijokite į dubenį. Sviestą arba margariną smulkiai įtrinkite ir suberkite cukrų. Kiaušinius, pieną ir vanilės kvapiąją medžiagą gerai išplakti, tada šakute įmaišyti sausus ingredientus. Supilkite į dubenį. Visiškai kepkite 7-8 minutes, kol pudingas pakils į keptuvės viršų. Leiskite pastovėti 3 minutes. Apverskite ir išdėliokite porcijas į keturias lėkštes. Patiekite su grietinėle arba grietinėle.

Citrininis pudingas

Tarnauja 4

Ruoškite kaip pudingą su uogiene, bet uogienę pakeiskite citrinine varške (išsaugokite) ir į sausus ingredientus suberkite smulkiai tarkuotą 1 nedidelės citrinos žievelę.

Blynai Suzette

Tarnauja 4

Po ilgo buvimo šešėlyje vėl į madą.

8 įprastai kepti blynai, kurių kiekvienas apie 20 cm skersmens/8
45 ml/3 šaukštai sviesto
30 ml/2 šaukštai smulkaus (labai smulkaus) cukraus
5 ml/1 arbatinis šaukštelis tarkuotos apelsino žievelės
5 ml/1 arbatinis šaukštelis nutarkuotos citrinos žievelės
2 didelių apelsinų sultys
30 ml/2 šaukštai Grand Marnier
30 ml/2 šaukštai brendžio

Kiekvieną blyną sulankstykite į keturias dalis, kad atrodytų kaip vokas. Palikite nuošalyje. Sviestą sudėkite į negilų 25 cm/10 cm skersmens indą. Atitirpinkite 1½–2 minutes. Sudėkite visus likusius ingredientus, išskyrus brendį, ir gerai išmaišykite. Kaitinkite ant visos ugnies 2–2,5 minutės. Sumaišykite apvalią. Vienu sluoksniu sudėkite blynus ir aptepkite sviestiniu padažu. Virkite neuždengtą pilnoje temperatūroje 3-4 minutes. Išimkite iš mikrobangų krosnelės. Supilkite brendį į puodelį ir pakaitinkite pilnoje temperatūroje 15-20 sekundžių, kol jis taps drungnas. Įdėkite į kaušą ir uždekite degtuku. Supilkite ant blynų ir patiekite, kai liepsna užges.

Kepti obuoliai

1 obuoliui: aštriu peiliu nubrėžkite liniją aplink didelį kepamąjį obuolį (tortą) maždaug trečdaliu nuo viršaus. Išimkite šerdį bulvių skustuvu arba obuoliais, atsargiai, kad neįpjautumėte į obuolio pagrindą. Užpildykite cukrumi, džiovintais vaisiais, uogiene (konservuota) arba citrinine varške. Sudėkite į dubenį ir virkite neuždengtą ant Full 3-4 minutes du kartus apversdami, kol obuolys išsipūs kaip suflė. Prieš valgydami leiskite pastovėti 2 minutes.

2 obuoliams: kaip ir 1 obuoliui, bet į indą sudėkite obuolius vienas šalia kito ir kepkite ant Full 5 minutes.

3 obuoliams: kaip ir 1 obuoliui, bet išdėliokite trikampiu į indą ir kepkite visą 7 minutes.

4 obuoliams: kaip ir 1 obuoliui, bet išdėliokite kvadratu į indą ir kepkite ant Full 8-10 min.

Troškinta jautiena ir daržovės

Tarnauja 4

30 ml/2 šaukštai sviesto arba margarino, virtuvės temperatūros

1 didelis svogūnas, sutarkuotas

3 morkos, plonais griežinėliais

75 g/3 uncijos grybų, plonais griežinėliais

450 g / 1 svaro kepsnys ant viršaus, supjaustytas mažais kubeliais

1 jautienos pagrindo kubelis

15 ml/1 valgomasis šaukštas lygių (visiems tikslams) miltų

300 ml/½ pt/1¼ puodelio karšto vandens arba jautienos sultinio

Šviežiai malti juodieji pipirai

5 ml/1 arbatinis šaukštelis druskos

Sviestą arba margariną sudėkite į 20 cm/8 orkaitei atsparų indą. Atitirpinkite 45 sekundes. Sudėkite daržoves ir kepsnį ir gerai išmaišykite. Virkite neuždengtą pilnoje temperatūroje 3 minutes. Sultinį sutrinkite kubeliu ir įmaišykite miltus bei karštą vandenį arba sultinį. Perkelkite mišinį prie dubens krašto, kad susidarytų žiedas, o viduryje palikite nedidelę įdubą. Pabarstykite pipirais. Uždenkite maistine plėvele (plastikine plėvele) ir du kartus įrėžkite, kad išsiskirtų garai. Virkite pilnoje temperatūroje 9 minutes, vieną kartą apversdami keptuvę. Leiskite pastovėti 5 minutes, tada įberkite druskos ir patiekite.

Jautienos troškinys

Tarnauja 4

450 g/1 svaro liesas kepsnys troškinimui, supjaustytas mažais kubeliais
15 ml/1 valgomasis šaukštas lygių (visiems tikslams) miltų
250g/9oz pakuotė neatšildytų šaldytų daržovių
300 ml/½ pt/1¼ puodelio verdančio vandens
1 jautienos pagrindo kubelis
Šviežiai malti pipirai
2,5–5 ml/½–1 arbatinis šaukštelis druskos

Kepsnį dėkite į 23 cm/9 orkaitei atsparų indą (orkaitę), ne per giliai. Pabarstykite miltais, tada gerai išmaišykite, kad pasidengtų. Laisvai paskleiskite vienu sluoksniu. Supjaustykite daržoves, tada išdėliokite jas aplink mėsą. Uždenkite maistine plėvele (plastikine plėvele) ir du kartus įrėžkite, kad išsiskirtų garai. Kepkite ant visos ugnies 15 minučių keturis kartus apversdami keptuvę. Mėsą užpilkite vandeniu ir sultinį sutrinkite į kubelį. Pagardinkite pipirais pagal skonį ir gerai išmaišykite. Uždenkite kaip anksčiau, tada kepkite ant Full 10 minučių, tris kartus apversdami keptuvę. Palikite pastovėti 5 minutes, tada išmaišykite, įberkite druskos ir patiekite.

Jautienos ir daržovių karštas puodas

Tarnauja 4

450 g / 1 svaras bulvių
2 morkos
1 didelis svogūnas
450 g/1 svaro liesas kepsnys troškinimui, supjaustytas mažais kubeliais
1 jautienos pagrindo kubelis
150 ml/¼ pt/2/3 puodelio karšto jautienos arba daržovių sultinio
30 ml/2 šaukštai sviesto arba margarino

Bulves, morkas ir svogūnus supjaustykite skaidriais plonais griežinėliais. Svogūnų griežinėlius padalinkite į žiedus. Kruopščiai sutepkite 1,75 litro/3 pt/7½ puodelio troškinimo indą. Užpildykite pakaitomis daržovių ir mėsos sluoksniais, pradedant ir baigiant bulvėmis. Uždenkite maistine plėvele (plastikine plėvele) ir du kartus įrėžkite, kad išsiskirtų garai. Kepkite iki galo 15 minučių, tris kartus apversdami keptuvę. Į karštą sultinį sutrupinkite sultinio kubelį ir maišykite, kol ištirps. Švelniai supilkite dubenėlio šonus, kad jis tekėtų per mėsą ir daržoves. Ant viršaus uždėkite sviesto arba margarino lakštą. Uždenkite kaip ir anksčiau ir kepkite ant Full 15 minučių, tris kartus apversdami keptuvę. Leiskite pastovėti 5 minutes. Skrudinkite po karštu griliu (broileriu), pagal pageidavimą.

Jautienos karis

Patiekiama 4-5

Anglizuota vidutinio karšto kario versija. Patiekite su basmati ryžiais ir natūralaus jogurto sambalais (garnyru), griežinėliais pjaustytu agurku, pabarstytu smulkintomis šviežiomis kalendromis (kalendra) ir ajvaru.

450 g/1 svaras liesos jautienos troškinimui, supjaustytos mažais kubeliais
2 svogūnai susmulkinti
2 sutrintos česnako skiltelės
15 ml/1 valgomasis šaukštas saulėgrąžų arba kukurūzų aliejaus
30 ml/2 šaukštai karšto kario miltelių
30 ml/2 šaukštai pomidorų tyrės (pasta)
15 ml/1 valgomasis šaukštas lygių (visiems tikslams) miltų
4 žalios kardamono ankštys
15 ml/1 valgomasis šaukštas garam masala
450 ml / ¾ pt / 2 puodeliai karšto vandens
5 ml/1 arbatinis šaukštelis druskos

Mėsą vienu sluoksniu sudėkite į gilų 25 cm/10 skersmens indą. Uždenkite lėkšte ir kepkite ant Full 15 minučių, du kartus pamaišydami. Tuo tarpu keptuvėje (keptuvėje) ant vidutinės ugnies aliejuje įprastu būdu pakepinkite (pakepinkite) svogūną ir česnaką iki auksinės rudos spalvos. Sumaišykite kario miltelius, pomidorų tyrę, miltus, kardamono ankštis ir garam masala ir palaipsniui įmaišykite į karštą vandenį. Virkite maišydami, kol mišinys užvirs ir sutirštės. Išimkite indą su mėsa iš mikrobangų krosnelės ir įmaišykite keptuvės turinį. Uždenkite maistine plėvele (plastikine plėvele) ir du kartus įrėžkite, kad išsiskirtų garai. Virkite ant visos ugnies 10 minučių, du kartus apversdami keptuvę. Prieš patiekdami leiskite pastovėti 5 minutes.

Pagrindinė malta mėsa

Tarnauja 4

450 g / 1 svaras / 4 puodeliai liesos maltos (maltos) jautienos

1 svogūnas, sutarkuotas

30 ml/2 šaukštai glotnių (visiems tikslams) miltų

450 ml / ¾ pt / 2 puodeliai karšto vandens

1 jautienos pagrindo kubelis

5 ml/1 arbatinis šaukštelis druskos

Mėsą sudėkite į gilų 20 cm/8 skersmens indą. Svogūną ir miltus gerai išmaišykite šakute. Virkite neuždengę pilnoje temperatūroje 5 minutes. Mėsą sulaužykite šakute. Įpilkite vandens ir sultinį sutrinkite į kubelius. Gerai išmaišykite, kad susimaišytų. Uždenkite maistine plėvele (plastikine plėvele) ir du kartus įrėžkite, kad išsiskirtų garai. Kepkite ant visos ugnies 15 minučių keturis kartus apversdami keptuvę. Leiskite pastovėti 4 minutes. Įberkite druskos ir išmaišykite prieš patiekiant.

Kotedžo pyragas

Tarnauja 4

1 kiekis bazinio faršo
675 g/1½ svaro šviežiai virtų bulvių
30 ml/2 šaukštai sviesto arba margarino
60–90 ml/4–6 šaukštai karšto pieno

Bazinį faršą atvėsinkite iki drungnos ir supilkite į riebalais išteptą 1 kv./1¾ pt/4¼ puodelio pyrago formą. Bulves ištrinkite su sviestu arba margarinu ir tiek pieno, kad susidarytų lengva ir puri košė. Paskleiskite ant mėsos mišinio arba tolygiai paskleiskite, tada sutarkuokite šakute. Kaitinkite neuždengtą ant visos ugnies 3 minutes. Arba paskrudinkite po karštu griliu (broileriu).

Šviežias pyragas su sūriu

Tarnauja 4

Paruoškite taip, kaip prie kotedžo pyrago, bet į bulves įpilkite 50–75 g tarkuoto Čedaro sūrio, sutepę jas sviestu ir karštu pienu.

Malta mėsa su avižomis

Tarnauja 4

Paruoškite kaip pagrindinį faršą, bet įdėkite 1 tarkuotą morką su svogūnu. Miltus pakeiskite 25 g/1 uncijos/½ puodelio avižinių dribsnių. Pirmą kartą kepkite 7 minutes.

Chilli con carne

Patiekiama 4-5

450 g / 1 svaras / 4 puodeliai liesos maltos (maltos) jautienos
1 svogūnas, sutarkuotas
2 sutrintos česnako skiltelės
5–20 ml/1–4 šaukšteliai čili prieskonių
400 g/14 oz/1 didelės skardinės pjaustytų pomidorų
5 ml/1 arbatinis šaukštelis Vusterio padažo
400g/14oz/1 didelė skardinė raudonųjų pupelių, nusausintų
5 ml/1 arbatinis šaukštelis druskos
Striukė Bulvės arba virti ryžiai, patiekimui

Jautieną sudėkite į 23 cm/9 orkaitei atsparų indą. Svogūną ir česnaką išmaišykite šakute. Virkite neuždengę pilnoje temperatūroje 5 minutes. Mėsą sulaužykite šakute. Sumaišykite visus likusius ingredientus, išskyrus druską. Uždenkite maistine plėvele (plastikine plėvele) ir du kartus įrėžkite, kad išsiskirtų garai. Kepkite iki galo 15 minučių, tris kartus apversdami keptuvę. Leiskite pastovėti 4 minutes. Pasūdykite prieš patiekdami su bulvių lupenomis arba virtais ryžiais.

Malta mėsa karyje

Tarnauja 4

2 svogūnai, susmulkinti
2 sutrintos česnako skiltelės
450 g / 1 svaras / 4 puodeliai liesos maltos (maltos) jautienos
15 ml/1 valgomasis šaukštas lygių (visiems tikslams) miltų
5–10 ml/1–2 šaukštai švelnaus kario miltelių
30 ml/2 šaukštai vaisių ajvar
60 ml/4 šaukštai pomidorų tyrės (pasta)
300 ml/½ pt/1¼ puodelio verdančio vandens
1 jautienos pagrindo kubelis
Druska ir šviežiai malti juodieji pipirai

Sutrinkite svogūną, česnaką ir jautieną. Paskleiskite į 20 cm/8 orkaitei atsparų indą (orkaitėje). Aplink keptuvės kraštą suformuokite žiedą, centre palikdami nedidelę įdubą. Uždenkite lėkšte ir kepkite pilnoje temperatūroje 5 minutes. Sulaužykite šakute. Sumaišykite miltus, kario miltelius, ajvarą ir pomidorų tyrę. Palaipsniui įmaišykite vandenį, tada sultinį sutrinkite į kubelius. Uždenkite maistine plėvele (plastikine plėvele) ir du kartus įrėžkite, kad išsiskirtų garai. Kepkite iki galo 15 minučių, tris kartus apversdami keptuvę. Leiskite pastovėti 4 minutes. Pagardinkite pagal skonį, tada išmaišykite ir patiekite.

Jautienos troškinys

Tarnauja 6

40 g/1½ uncijos/3 šaukštai sviesto, margarino arba taukų
675 g/1½ svaro troškinamas kepsnys, supjaustytas mažais kubeliais
2 dideli svogūnai, sutarkuoti
1 vidutinė žalia (babura) paprika, išvalyta iš sėklų ir smulkiai supjaustyta
2 sutrintos česnako skiltelės
4 pomidorai, blanširuoti, nulupti ir supjaustyti
45 ml/3 šaukštai pomidorų tyrės (pasta)
15 ml/1 valgomasis šaukštas paprikos
5 ml/1 arbatinis šaukštelis kmynų sėklų
5 ml/1 arbatinis šaukštelis druskos
300 ml/½ pt/1¼ puodelio verdančio vandens
150 ml/¼ pt/2/3 puodelio grietinės (pieninės grietinės).

Sudėkite riebalus į 1,75 litro / 3 pt / 7½ puodelio indą. Ištirpinkite, neuždengę, ant pilno 1 minutę. Sumaišykite mėsą, svogūną, pipirus ir česnaką. Uždenkite maistine plėvele (plastikine plėvele) ir du kartus įrėžkite, kad išsiskirtų garai. Kepkite ant visos ugnies 15 minučių keturis kartus apversdami keptuvę. Išskleiskite ir įmaišykite pomidorus, pomidorų tyrę, papriką ir kmynus. Uždenkite kaip ir anksčiau ir kepkite ant Full 15 minučių, keturis kartus apversdami keptuvę. Įpilkite druskos ir švelniai įmaišykite į verdantį vandenį. Paskirstykite į gilias lėkštes ir kiekvieną gausiai aptepkite kremu.

Jautienos troškinys su virtomis bulvėmis

Tarnauja 6

Ruoškite taip pat, kaip jautienos troškinį, tačiau grietinėlės atsisakykite ir į kiekvieną porciją įdėkite po 2-3 visas virtas bulves.

Sviesto pupelės ir jautienos troškinys su pomidorais

Tarnauja 6

425 g/15 uncijos/1 didelė skardinė sviesto pupelių
275 g/10 oz/1 skardinė pomidorų sriuba
30 ml/2 šaukštai džiovinto svogūno
6 riekelės troškinto kepsnio, maždaug 125 g / 4 uncijos, susmulkintos plokščios
Druska ir šviežiai malti juodieji pipirai

Sumaišykite pupeles, sultinį ir svogūną į 20 cm/8 colių orkaitei atsparų indą. Uždenkite lėkšte ir virkite ant Full 6 minutes tris kartus pamaišydami. Išdėliokite kepsnius ant indo krašto. Uždenkite maistine plėvele (plastikine plėvele) ir du kartus įrėžkite, kad išsiskirtų garai. Kepkite iki galo 17 minučių, tris kartus apversdami keptuvę. Leiskite pastovėti 5 minutes. Prieš patiekdami išskleiskite ir pagardinkite pagal skonį.

Jautienos ir pomidorų pyragas

2-3 žmonėms

275 g / 10 uncijos / 2½ puodeliai maltos (maltos) jautienos
30 ml/2 šaukštai glotnių (visiems tikslams) miltų
1 kiaušinis
5 ml/1 arbatinis šaukštelis svogūnų miltelių
150 ml / ¼ pt / 2/3 puodelio pomidorų sulčių
5 ml/1 arbatinis šaukštelis sojos padažo
5 ml/1 arbatinis šaukštelis džiovintų raudonėlių
Virti makaronai, patiekti

Kruopščiai sutepkite 900 ml/1½ pt/3¾ puodelio ovalų pyrago indą. Jautieną sumaišykite su visais likusiais ingredientais ir tolygiai paskirstykite inde. Uždenkite maistine plėvele (plastikine plėvele) ir du kartus įrėžkite, kad išsiskirtų garai. Kepkite ant visos ugnies 7 minutes, du kartus apversdami keptuvę. Leiskite pastovėti 5 minutes. Supjaustykite į dvi ar tris dalis ir patiekite karštus su makaronais.

Kebabai iš jautienos ir grybų

Tarnauja 4

24 švieži arba džiovinti lauro lapai
½ raudonųjų (bagarinių) pipirų, supjaustytų mažais kvadratėliais
½ žaliųjų (baburos) pipirų, supjaustytų mažais kvadratėliais
750 g/1½ svaro kepsnys, keptas ant grotelių, apipjaustytas ir supjaustytas 2,5 cm/1
175 g grybų
50 g/2 uncijos/¼ puodelio sviesto arba margarino, kambario temperatūros
5 ml/1 arbatinis šaukštelis paprikos
5 ml/1 arbatinis šaukštelis Vusterio padažo
1 skiltelė česnako, susmulkinta
175 g / 6 uncijos / 1½ puodelio ryžių, virti

Jei naudojate džiovintus lauro lapus, sudėkite juos į nedidelį dubenį, įpilkite 90 ml/6 šaukštai vandens ir uždenkite lėkšte. Kaitinkite ant stiprios 2 minutes, kad suminkštėtų. Sudėkite pipirų kvadratėlius į indą ir tiesiog užpilkite vandeniu. Uždenkite lėkšte ir kaitinkite ant Full 1 minutę, kad suminkštėtų. Paprikas ir lauro lapus nusausinkite. Jautieną, grybus, pipirų kvadratėlius ir lauro lapus suverkite į dvylika 10 cm/4 iešmelių. Giliame 25 cm/10 skersmens inde išdėliokite kebabus kaip rato stipinus. Sviestą arba margariną, papriką, Vusterio padažą ir česnaką sudėkite į nedidelį puodą ir neuždengę kaitinkite ant pilno 1 minutę. Teptuku aptepkite kebabus. Kepkite neuždengtą ant visos ugnies 8 minutes, keturis kartus apversdami keptuvę. Atsargiai apverskite kebabus ir aptepkite likusiu sviesto mišiniu. Virkite pilnoje temperatūroje dar 4 minutes, du kartus apversdami keptuvę. Išdėliokite ant ryžių pagrindo ir apliekite sultimis iš indo. Leiskite vienam asmeniui tris kebabus.

Įdaryta aviena

Tarnauja 4

Čia yra šiek tiek Artimųjų Rytų požiūrio. Patiekite avieną su šilta pita duona ir žaliomis salotomis, apibarstytomis alyvuogėmis ir kaparėliais.

4 ėriuko kaklai, maždaug 15 cm ilgio ir 675 g / ½ svaro
3 didelės griežinėliai traškios baltos duonos, supjaustytos kubeliais
1 svogūnas, supjaustytas 6 žiedais
45 ml/3 šaukštai skrudintų pušies riešutų
30 ml/2 šaukštai serbentų
2,5 ml/½ arbatinio šaukštelio druskos
150 g/5 uncijos/2/3 puodelio tiršto graikiško paprasto jogurto
Malto cinamono
8 grybai
15 ml/1 valgomasis šaukštas alyvuogių aliejaus

Nupjaukite riebalus nuo ėrienos. Kiekviename gabale padarykite išilginį plyšį, stenkitės, kad mėsa neprasiskverbtų tiesiai. Duonos kubelius ir svogūno gabalėlius sumalkite smulkintuvu arba blenderiu. Išimkite į dubenį ir sumaišykite su pušies riešutais, serbentais ir druska. Vienodus kiekius paskirstykite ant avienos gabalėlių ir sutvirtinkite mediniais kokteilių pagaliukais (dantų krapštukais). Išdėliokite kvadrato formos giliame 25 cm/10 cm skersmens inde. Viską aptepkite jogurtu ir lengvai pabarstykite cinamonu. Grybus supjaustykite atsitiktine tvarka ir plonai aptepkite aliejumi. Uždenkite maistine plėvele (plastikine plėvele) ir du kartus įrėžkite, kad išsiskirtų garai. Kepkite ant visos ugnies 16 minučių, keturis kartus apversdami keptuvę. Leiskite pastovėti 5 minutes, tada patiekite.

Ant grotelių kepti avienos kebabai

Tarnauja 6

900 g/2 svarų ėrienos nugarinė, apipjaustyta
12 didelių mėtų lapelių
60 ml/4 šaukštai tiršto natūralaus jogurto
60 ml/4 šaukštai pomidorų kečupo (catsup)
1 skiltelė česnako, susmulkinta
5 ml/1 arbatinis šaukštelis Vusterio padažo
6 pita duonos, pašildytos
Salotų lapai, pomidoro ir agurko griežinėliai

Mėsą supjaustykite 2,5 cm/l kubeliais. Ant šešių medinių iešmelių pakaitomis suverkite mėtų lapelius. Giliame inde, kurio skersmuo 25 cm/10, sudėkite juos kaip rato stipinus. Jogurtą, kečupą, česnaką ir Vusterio padažą gerai išmaišykite ir puse mišinio apliekite kebabus. Virkite neuždengtą ant visos ugnies 8 minutes, du kartus apversdami keptuvę. Apverskite kebabus ir uždenkite likusia plutele. Virkite pilnoje temperatūroje dar 8 minutes, du kartus apversdami keptuvę. Leiskite pastovėti 5 minutes. Pita duoną trumpai pakaitinkite po grotelėmis (broileriais), kol išsipūs, tada supjaustykite išilgai ilgojo krašto, kad susidarytų kišenė. Išimkite mėsą nuo iešmelių ir išmeskite lauro lapą. Įdėkite erieną į pitą, tada į kiekvieną įdėkite gerą salotų dalį.

Klasikiniai avienos kebabai

Tarnauja 6

900 g/2 svarų erienos nugarinė, apipjaustyta
12 didelių mėtų lapelių
30 ml/2 šaukštai sviesto arba margarino
5 ml/1 arbatinis šaukštelis česnakinės druskos
5 ml/1 arbatinis šaukštelis Vusterio padažo
5 ml/1 arbatinis šaukštelis sojos padažo
2,5 ml/½ arbatinio šaukštelio paprikos
6 pita duonos, pašildytos
Salotų lapai, pomidoro ir agurko griežinėliai

Mėsą supjaustykite 2,5 cm/1 kubeliais. Ant šešių medinių iešmelių pakaitomis suverkite mėtų lapelius. Giliame inde, kurio skersmuo 25 cm/10, sudėkite juos kaip rato stipinus. Sviestą arba margariną ištirpinkite ant pilno 1 minutę, tada suberkite česnaką, druską, Vusterio padažą, sojų padažą ir papriką ir gerai išmaišykite. Pusę mišinio paskleiskite ant kebabų. Virkite neuždengtą ant visos ugnies 8 minutes, du kartus apversdami keptuvę. Apverskite kebabus ir uždenkite likusia plutele. Virkite pilnoje temperatūroje dar 8 minutes, du kartus apversdami keptuvę. Leiskite pastovėti 5 minutes. Pita duoną trumpai pakaitinkite po grotelėmis (broileriais), kol išsipūs, tada supjaustykite išilgai ilgojo krašto, kad susidarytų kišenė. Išimkite mėsą nuo iešmelių ir išmeskite lauro lapą. Įdėkite erieną į pitą, tada į kiekvieną įdėkite gerą salotų dalį.

Artimųjų Rytų ėriena su vaisiais

Tarnauja 4-6

Šis subtiliai prieskoniais pagardintas ėrienos patiekalas su vaisiais yra nepastebimai elegantiškas, jį sustiprina skrudintų pušies riešutų ir migdolų dribsnių danga. Patiekite su jogurtu ir svieste išteptais ryžiais.

675 g/1½ svaro ėriena be kaulų, kiek įmanoma liesesnė
5 ml/1 arbatinis šaukštelis malto cinamono
2,5 ml/½ arbatinio šaukštelio maltų gvazdikėlių
30 ml/2 šaukštai šviesiai minkšto rudojo cukraus
1 svogūnas susmulkintas
30 ml/2 šaukštai citrinos sulčių
10 ml/2 arbatiniai šaukšteliai kukurūzų miltų (kukurūzų krakmolas)
15 ml/1 valgomasis šaukštas šalto vandens
7,5–10 ml/1½–2 arbatiniai šaukšteliai druskos
400 g/14 oz/1 didelės skardinės persiko griežinėliai natūraliose sultyse arba obuolių sultyse, nusausintos
30 ml/2 šaukštai skrudintų pušies riešutų

30 ml/2 šaukštai griežinėliais pjaustytų (griežinėliais) migdolų

Avieną supjaustykite mažais kubeliais. Sudėkite į 1,75 kv./3 pt/7½ puodelio troškinimo indą (olandiška orkaitė). Sumaišykite prieskonius, cukrų, svogūną ir citrinos sultis ir suberkite į patiekalą. Uždenkite lėkšte ir virkite ant Full 5 minutes, tada palikite 5 minutes. Pakartokite tris kartus, kiekvieną kartą gerai išmaišykite. Sumaišykite kukurūzų miltus ir vandenį, kad gautumėte vientisą mišinį. Iš ėrienos nupilkite skystį ir suberkite kukurūzų miltų ir druskos mišinį. Supilkite ant avienos ir gerai išmaišykite, kad susimaišytų. Virkite neuždengę pilnoje temperatūroje 2 minutes. Įmaišykite persikų skilteles ir neuždengę kepkite ant pilnos ugnies dar 1,5 minutės. Pabarstykite pušies riešutais ir migdolais ir patiekite.

Netikras airiškas troškinys

Tarnauja 4

675 g/1½ svaro kubeliais supjaustyta aviena
2 dideli svogūnai, stambiai sutarkuoti
450 g/1 svaro bulvių, smulkiai pjaustytų
300 ml/½ pt/1¼ puodelio verdančio vandens
5 ml/1 arbatinis šaukštelis druskos
45 ml/3 šaukštai kapotų petražolių

Nupjaukite visus riebalų perteklių nuo ėrienos. Sudėkite mėsą ir daržoves vienu sluoksniu į 25 cm/10 cm gylio indą. Uždenkite maistine plėvele (plastikine plėvele) ir du kartus įrėžkite, kad išsiskirtų garai. Kepkite ant visos ugnies 15 minučių, du kartus apversdami keptuvę. Sumaišykite vandenį ir druską ir užpilkite ant mėsos ir daržovių, gerai išmaišykite, kad susimaišytų. Uždenkite kaip ir anksčiau ir kepkite ant Full 20 minučių, tris kartus apversdami keptuvę. Leiskite pastovėti 10 minučių. Prieš patiekdami išlankstykite ir pabarstykite petražolėmis.

Ūkininko žmonos avienos kotletai

Tarnauja 4

3 šaltos virtos bulvės, plonais griežinėliais
3 šaltos virtos morkos plonais griežinėliais
4 liesos avienos kotletai, kiekvienas po 150g/5oz
1 nedidelis svogūnas, sutarkuotas
1 kepimo obuolys (tortas), nuluptas ir sutarkuotas
30 ml/2 šaukštai obuolių sulčių
Druska ir šviežiai malti juodieji pipirai
15 ml/1 valgomasis šaukštas sviesto arba margarino

Bulvių ir morkų griežinėlius išdėliokite vienu sluoksniu ant 20 cm/8 gylio indo dugno. Ant viršaus išdėliokite kotletus. Pabarstykite svogūnu ir obuoliu ir užpilkite sultimis. Pagardinkite pagal skonį ir pabarstykite sviesto arba margarino gabalėliais. Uždenkite maistine plėvele (plastikine plėvele) ir du kartus įrėžkite, kad išsiskirtų garai.

Kepkite ant visos ugnies 15 minučių, du kartus apversdami keptuvę. Prieš patiekdami leiskite pastovėti 5 minutes.

Lamb Hot-pot

Tarnauja 4

675 g/1½ svaro bulvių, labai plonais griežinėliais
2 svogūnai, labai plonais griežinėliais
3 morkos, labai plonais griežinėliais
2 dideli saliero stiebai, supjaustyti įstrižai plonomis juostelėmis
8 geriausi ėrienos sprandinės gabalėliai, iš viso apie 1 kg
1 jautienos pagrindo kubelis
300 ml/½ pt/1¼ puodelio verdančio vandens
5 ml/1 arbatinis šaukštelis druskos
25 ml/1½ šaukštelio lydyto sviesto arba margarino

Pusę paruoštų daržovių sluoksniais išdėliokite į lengvai riebalais pateptą 2,25 kv./4 pt/10 puodelių troškinimo indą (atsparią orkaitei). Ant viršaus dėkite kotletus ir uždenkite likusiomis daržovėmis. Uždenkite maistine plėvele (plastikine plėvele) ir du kartus įrėžkite, kad išsiskirtų garai. Kepkite iki galo 15 minučių, tris kartus apversdami keptuvę. Išimkite iš mikrobangų krosnelės ir atidenkite. Sutrinkite sultinio kubelį į vandenį ir įberkite druskos. Švelniai pilkite indo šonus. Ant viršaus užtepkite sviesto arba margarino. Uždenkite kaip anksčiau ir virkite ant visos ugnies 15 minučių. Prieš patiekdami leiskite pastovėti 6 minutes.

Avienos kepalas su mėtomis ir rozmarinais

Tarnauja 4

450 g / 1 svaras / 4 puodeliai maltos (maltos) avienos
1 skiltelė česnako, susmulkinta
2,5 ml/½ arbatinio šaukštelio džiovinto susmulkinto rozmarino
2,5 ml/½ arbatinio šaukštelio džiovintų mėtų
30 ml/2 šaukštai glotnių (visiems tikslams) miltų
2 dideli kiaušiniai, sumušti
2,5 ml/½ arbatinio šaukštelio druskos
5 ml/1 arbatinis šaukštelis rudojo stalo padažo
Tarkuoto muskato riešuto

Lengvai sutepkite 900 ml/1½ pt/3¾ puodelio ovalų pyrago indą. Sumaišykite visus ingredientus, išskyrus muskato riešutą, ir tolygiai paskirstykite dubenyje. Uždenkite maistine plėvele (plastikine plėvele) ir du kartus įrėžkite, kad išsiskirtų garai. Kepkite ant visos ugnies 8 minutes, du kartus apversdami keptuvę. Palikite 4 minutes pailsėti, tada atidenkite ir pabarstykite muskato riešutu. Supjaustykite porcijomis.

Lamb Bredie su pomidorais

Tarnauja 6

Paruoškite kaip Chicken Bredie su pomidorais, bet pakeiskite vištieną be kaulų ir grubiai pjaustyta aviena.

Avinėlis biryani

Tarnauja 4-6

5 kardamono ankštys

30 ml/2 šaukštai saulėgrąžų aliejaus

450 g apipjaustytos ėrienos filė sprandinės, supjaustytos mažais kubeliais

2 sutrintos česnako skiltelės

20 ml/4 arbatiniai šaukšteliai garam masala

225 g/8 uncijos/1¼ puodeliai lengvai paruošiami ilgagrūdžiai ryžiai

600 ml / 1 pt / 2½ puodeliai karšto vištienos sultinio

10 ml/2 arbatiniai šaukšteliai druskos

125 g/4 uncijos/1 puodelis pjaustytų migdolų, skrudintų

Kardamono ankštis padalinkite, kad pašalintumėte sėklas, tada sutrinkite sėklas grūstuve ir grūstuve. Įkaitinkite aliejų 1,5 kv./3 pt/7½ puodelio troškinimo inde (olandiškoje orkaitėje) ant visos ugnies 1,5 minutės. Sudėkite ėrieną, česnaką, kardamono sėklas ir garam masala. Gerai išmaišykite, tada paskleiskite aplink dubens kraštą, palikdami nedidelę įdubą viduryje. Uždenkite maistine plėvele (plastikine plėvele) ir du kartus įrėžkite, kad išsiskirtų garai. Virkite pilnoje temperatūroje 10 minučių. Išlankstykite ir įmaišykite ryžius, sultinį ir druską. Uždenkite kaip anksčiau ir virkite ant visos ugnies 15 minučių. Palikite 3 minutes, tada šaukštu dėkite į įkaitintas lėkštes ir kiekvieną dalį pabarstykite migdolais.

Papuoštas Biryani

Tarnauja 4-6

Paruoškite kaip ėrienos biryani, bet išdėliokite biryani ant pašildyto serviravimo indo ir papuoškite pjaustytais kietai virtais (kietai) kiaušiniais, pomidorų griežinėliais, kalendros (kalendros) lapeliais ir keptais (troškintais) pjaustytais svogūnais.

Mousaka

Tarnauja 6-8

Norint paruošti šią daugiasluoksnę graikišką ėrienos klasiką, reikia šiek tiek kantrybės, tačiau rezultatai verti pastangų. Iškepti baklažano griežinėliai (baklažanai) daro jį mažiau turtingą ir lengviau virškinamą nei kai kurios versijos.

Baklažanų sluoksniams:
675 g/1½ svaro baklažanų
75 ml/5 šaukštai karšto vandens
5 ml/1 arbatinis šaukštelis druskos
15 ml/1 valgomasis šaukštas šviežių citrinų sulčių

Mėsos sluoksniams:
40 g/1½ uncijos/3 šaukštai sviesto, margarino arba alyvuogių aliejaus
2 svogūnai smulkiai supjaustyti

1 skiltelė česnako, susmulkinta

350 g / 12 uncijos / 3 puodeliai šaltai virtos maltos (maltos) avienos

125 g/4 uncijos/2 puodeliai šviežių baltos duonos trupinių

Druska ir šviežiai malti juodieji pipirai

4 pomidorai, blanširuoti, nulupti ir supjaustyti griežinėliais

Padažui:

425 ml/¾ pt/nepakanka 2 puodelių nenugriebto pieno

40 g/1½ uncijos/3 šaukštai sviesto arba margarino

45 ml/3 šaukštai glotnių (visiems tikslams) miltų

75 g / 3 uncijos / ¾ puodelio čederio sūrio, tarkuoto

1 kiaušinio trynys

Moussaka su bulvėmis

Tarnauja 6-8

Ruoškite kaip musaką, bet baklažanus pakeiskite griežinėliais virtomis bulvėmis.

Greita musaka

3-4 porcijoms

Greita alternatyva priimtino skonio ir tekstūros.

1 baklažanas (baklažanas), apie 225 g/8 uncijos
15 ml/1 valgomasis šaukštas šalto vandens
300 ml/½ pt/1¼ puodelio šalto pieno
300 ml/½ pt/1¼ puodelio vandens
1 pakelis greitos bulvių košės patiekimui 4
225 g/8 uncijos/2 puodeliai šaltai virtos maltos (maltos) ėrienos
5 ml/1 arbatinis šaukštelis džiovintų mairūnų
5 ml/1 arbatinis šaukštelis druskos
2 sutrintos česnako skiltelės
3 pomidorai, blanširuoti, nulupti ir supjaustyti griežinėliais
150 ml/¼ pt/2/3 puodelio tiršto graikiško natūralaus jogurto
1 kiaušinis
Druska ir šviežiai malti juodieji pipirai

50 g / 2 uncijos / ½ puodelio čederio sūrio, tarkuoto

Baklažanai ant viršaus ir uodegos ir perpjaukite per pusę išilgai. Sudėkite į negilų indą, nupjaukite viršūnes ir apšlakstykite šaltu vandeniu. Uždenkite maistine plėvele (plastikine plėvele) ir du kartus įrėžkite, kad išsiskirtų garai. Virkite ant visos ugnies 5½–6 minutes, kol suminkštės. Leiskite pastovėti 2 minutes, tada nusausinkite. Į dubenį supilkite pieną ir vandenį ir įmaišykite džiovintas bulves. Uždenkite lėkšte ir kepkite ant Full 6 minutes. Gerai išmaišykite ir įmaišykite avieną, mairūną, druską ir česnaką. Supjaustykite nenuluptus baklažanus. Pakaitomis išdėliokite baklažano griežinėlių ir bulvių mišinio sluoksnius į riebalais išteptą 2,25 l/4 pt/10 puodelių kepimo indą (atsparią orkaitei), naudodami pusę pomidorų griežinėlių, kad centre suformuotumėte „sumuštinio įdarą". Uždenkite likusiais pomidorų griežinėliais. Jogurtą ir kiaušinį išplakite ir pagardinkite pagal skonį. Pomidorus paskleiskite šaukštu ir pabarstykite sūriu. Uždenkite maistine plėvele, kaip ir anksčiau. Virkite pilnoje temperatūroje 7 minutes. Prieš patiekdami, atidenkite ir paskrudinkite po karštu griliu (broileriu).

Malta ėriena

Tarnauja 4

Paruoškite kaip ir pagrindinį faršą, bet maltą jautieną pakeiskite malta (malta) ėriena.

piemenų pyragas

Tarnauja 4

Paruoškite kaip pagrindinį faršą, bet pakeiskite ėrienos faršu. Atvėsinkite, kol sušils, tada perkelkite į riebalais išteptą 1 kv./1¾ pt/4½ puodelio pyrago formą. Užpilkite 750 g karštos bulvių košės, užteptos 15–30 ml / 1–2 šaukštais sviesto arba margarino ir 60 ml / 4 šaukštai karšto pieno. Gerai pagardinkite druska ir šviežiai maltais juodaisiais pipirais. Paskleiskite ant mėsos mišinio, tada sutarkuokite šakute. Pakaitinkite neuždengtą ant pilno 2–3 minutes arba kepkite ant karštos kepsninės (broileriai).

Kaimo kepenėlės raudoname vyne

Tarnauja 4

25 g/1 uncijos/2 šaukštai sviesto arba margarino

2 svogūnai, susmulkinti

450 g/1 svaro ėrienos kepenėlės, supjaustytos plonomis juostelėmis

15 ml/1 valgomasis šaukštas lygių (visiems tikslams) miltų

300 ml / ½ pt / 1¼ puodelio raudonojo vyno

15 ml/1 valgomasis šaukštas tamsiai minkšto rudojo cukraus

1 jautienos pagrindo kubelis, sutrupintas

30 ml/2 šaukštai kapotų petražolių

Druska ir šviežiai malti juodieji pipirai

Svieste apteptos virtos bulvės ir lengvai virti griežinėliais pjaustyti kopūstai patiekimui

Į gilų 25 cm/10 skersmens indą sudėkite sviestą arba margariną. Atšildykite, neuždengę, atšildydami 2 minutes. Sumaišykite svogūną ir kepenėles. Uždenkite lėkšte ir kepkite ant Full 5 minutes. Sumaišykite visus likusius ingredientus, išskyrus druską ir pipirus. Uždenkite lėkšte ir kepkite ant Full 6 minutes, du kartus pamaišydami. Leiskite pastovėti 3 minutes. Pagardinkite pagal pageidavimą ir patiekite su virtomis bulvėmis svieste ir kopūstuose.

Kepenys ir šoninė

Tarnauja 4-6

2 svogūnai, susmulkinti
8 gabaliukai šoninės, grubiai supjaustyti
450 g avienos kepenėlių, supjaustytų mažais kubeliais
45 ml/3 šaukštai kukurūzų miltų (kukurūzų krakmolas)
60 ml/4 šaukštai šalto vandens
150 ml / ¼ pt / 2/3 puodelio verdančio vandens
Druska ir šviežiai malti juodieji pipirai

Sudėkite svogūną ir šoninę į 1,75 kv./3 pt/7½ puodelio troškinimo indą (olandiška orkaitė). Virkite neuždengtą ant visos ugnies 7 minutes, du kartus pamaišydami. Įmaišykite kepenėles. Uždenkite lėkšte ir virkite ant Full 8 minutes tris kartus pamaišydami. Kukurūzų miltus sumaišykite su šaltu vandeniu, kad gautumėte vientisą mišinį.

Įmaišykite kepenėles ir svogūną, tada palaipsniui įmaišykite į verdantį vandenį. Uždenkite lėkšte ir virkite ant Full 6 minutes tris kartus pamaišydami. Leiskite pastovėti 4 minutes. Pagardinkite pagal pageidavimą ir patiekite.

Kepenys ir šoninė su obuoliu

Tarnauja 4-6

Ruoškite kaip kepenėles ir šoninę, bet vieną svogūną pakeiskite 1 (deseriniu) obuoliu, nuluptu ir sutarkuotu. Pusę verdančio vandens pakeiskite kambario temperatūros obuolių sultimis.

Inkstai raudoname vyne su brendžiu

Tarnauja 4

6 ėriuko inkstai
30 ml/2 šaukštai sviesto arba margarino
1 svogūnas smulkiai pjaustytas
30 ml/2 šaukštai glotnių (visiems tikslams) miltų
150 ml / ¼ pt / 2/3 puodelio sauso raudonojo vyno
2 jautienos pagrindo kubeliai
50 g grybų, supjaustytų griežinėliais
10 ml/2 arbatiniai šaukšteliai pomidorų tyrės (pasta)
2,5 ml/½ arbatinio šaukštelio paprikos
2,5 ml/½ arbatinio šaukštelio garstyčių miltelių
30 ml/2 šaukštai kapotų petražolių
30 ml/2 šaukštai brendžio

Nulupkite ir perpjaukite inkstus, tada aštriu peiliu išpjaukite šerdį ir išmeskite šerdį. Supjaustykite labai plonai. Pusę sviesto, neuždengtą, ištirpinkite ant atitirpinimo 1 minutę. Išmaišykite inkstus ir atidėkite. Likusį sviestą ir svogūną sudėkite į 1,5 kv./2½ pt/6 puodelio troškinimo indą. Virkite neuždengtą ant visos ugnies 2 minutes, vieną kartą pamaišydami. Įmaišykite miltus, tada vyną. Virkite neuždengtą ant visos ugnies 3 minutes, kas minutę intensyviai maišydami. Sutrupinkite sultinio kubelius, tada sumaišykite grybus, pomidorų tyrę, papriką, garstyčias ir inkstus su sviestu arba margarinu. Kruopščiai išmaišykite. Uždenkite maistine plėvele (plastikine plėvele) ir du kartus įrėžkite, kad išsiskirtų garai. Virkite pilnoje temperatūroje 5 minutes, vieną kartą apversdami keptuvę. Palikite 3 minutes pailsėti, tada atidenkite ir pabarstykite petražolėmis. Pakaitinkite brendį puodelyje ant Full 10-15 sekundžių. Supilkite inkstų mišinį ir padėkite ant ugnies. Patiekite, kai liepsna užges.

Elnienos kepsniai su austrėmis ir pelėsiniu sūriu

Tarnauja 4

Druska ir šviežiai malti juodieji pipirai
8 maži elnienos kepsneliai
5 ml/1 arbatinis šaukštelis sutrintų kadagio uogų
5 ml/1 arbatinis šaukštelis Provanso žolelių
30 ml/2 šaukštai alyvuogių aliejaus
300 ml/½ pt/1¼ puodelio sauso raudonojo vyno
60 ml/4 šaukštai sotaus jautienos sultinio
60 ml/4 šaukštai džino
1 svogūnas susmulkintas
225 g / 8 uncijos austrės, supjaustytos ir supjaustytos
250 ml/8 fl oz/1 puodelis vienkartinio (lengvo) kremo

30 ml/2 šaukštai raudonųjų serbentų želė (skaidri skardinė)
60 ml/4 šaukštai pelėsinio sūrio, sutrupinto
30 ml/2 šaukštai kapotų petražolių

Pagal skonį pasūdykite žvėrieną, tada pridėkite kadagio uogų ir Provanso žolelių. Įkaitinkite aliejų keptuvėje ant visos ugnies 2 minutes. Sudėkite kepsnius ir kepkite neuždengę ant visos ugnies 3 minutes, vieną kartą apversdami. Supilkite vyną, sultinį, džiną, svogūną, grybus, grietinėlę ir raudonųjų serbentų želė. Uždenkite maistine plėvele (plastikine plėvele) ir du kartus įrėžkite, kad išsiskirtų garai. Kepkite ant vidutinės ugnies 25 minutes, keturis kartus apversdami keptuvę. Įmaišykite sūrį. Uždenkite karščiui atsparia lėkšte ir kepkite pilnoje temperatūroje 2 minutes. Leiskite pastovėti 3 minutes, tada atidenkite ir patiekite papuoštą petražolėmis.

.

Mažų makaronų virimas

Vykdykite didelių makaronų gaminimo instrukcijas, bet virkite tik 4–5 minutes. Uždenkite ir palikite 3 minutes, tada nusausinkite ir patiekite.

Kiniškos makaronų ir grybų salotos su graikiniais riešutais

Tarnauja 6

30 ml/2 šaukštai sezamo aliejaus
175 g grybų, supjaustytų griežinėliais
250 g / 9 uncijos siūlų kiaušinių makaronai

7,5 ml / 1½ šaukštelio druskos
75 g / 3 uncijos / ¾ puodelio kapotų graikinių riešutų
5 laiškiniai svogūnai, susmulkinti
30 ml/2 šaukštai sojos padažo

Neuždengtą aliejų pašildykite ant Atšildymo 2½ minutės. Sudėkite grybus. Uždenkite lėkšte ir kepkite ant Full 3 minutes, du kartus pamaišydami. Atidėti. Sudėkite makaronus į didelį dubenį ir įpilkite tiek verdančio vandens, kad jis pakiltų 5 cm/2 virš makaronų lygio. Įmaišykite druską. Virkite neuždengę pilnoje temperatūroje 4-5 minutes, kol makaronai išbrinks ir tiesiog suminkštės. Nusausinkite ir atvėsinkite. Sumaišykite likusius ingredientus, įskaitant grybus, ir gerai išmaišykite, kad susimaišytų.

Pipiriniai makaronai

Tarnauja 2

300 ml / ½ pt / 1¼ puodelio pomidorų sulčių
125 g/4 uncijos/1 puodelis laktaninių makaronų
5 ml/1 arbatinis šaukštelis druskos
30 ml/2 šaukštai baltojo vyno, pakaitinto
1 maža raudona arba žalia (babura) paprika, išskobta ir susmulkinta
45 ml/3 šaukštai alyvuogių aliejaus
75 g / 3 uncijos / ¾ puodelio Gruyère (Šveicariškas) arba Emmental sūris, tarkuotas
30 ml/2 šaukštai kapotų petražolių

Supilkite pomidorų sultis į 1,25 litro / 2¼ pt / 5½ puodelio indą. Uždenkite lėkšte ir kaitinkite ant visos ugnies 3½–4 minutes, kol labai įkais ir pradės burbuliuoti. Sumaišykite visus likusius ingredientus, išskyrus sūrį ir petražoles. Uždenkite kaip ir anksčiau ir virkite ant Full 10 minučių, du kartus pamaišydami. Leiskite pastovėti 5 minutes. Pabarstykite sūriu ir petražolėmis. Pakaitinkite neuždengtą ant pilno maždaug 1 minutę, kol sūris išsilydys.

Šeimos makaronai ir sūris

Tarnauja 6-7

Praktiškumo dėlei šis receptas skirtas gausiam šeimos patiekalui, tačiau visus likučius galite dalimis pašildyti mikrobangų krosnelėje.

350 g/12 uncijos/3 puodeliai laktaninių makaronų
10 ml/2 arbatiniai šaukšteliai druskos
30 ml/2 šaukštai kukurūzų miltų (kukurūzų krakmolas)
600 ml / 1 pt / 2½ puodelio šalto pieno
1 kiaušinis, sumuštas
10 ml/2 arbatiniai šaukšteliai paruoštų garstyčių

Šviežiai malti juodieji pipirai
275 g / 10 uncijos / 2½ puodeliai čederio sūrio, tarkuoto

Sudėkite makaronus į gilų indą. Įmaišykite druską ir tiek verdančio vandens, kad jis pakiltų 5 cm/2 virš makaronų lygio. Virkite neuždengtą ant visos ugnies apie 10 minučių, kol suminkštės, tris kartus pamaišydami. Jei reikia, nukoškite ir leiskite pastovėti, kol ruošite padažą. Atskirame dideliame dubenyje sumaišykite kukurūzų miltus su trupučiu šalto pieno iki vientisos masės, tada įmaišykite likusius. Virkite neuždengtą ant visos ugnies 6-7 minutes, kol masė taps vientisa ir sutirštės, kas minutę pamaišydami. Sumaišykite kiaušinį, garstyčias ir pipirus, tada du trečdalius sūrio ir visus makaronus. Gerai išmaišykite šakute. Tolygiai paskleiskite sviestu pateptoje 30 cm/12 skersmens skardoje. Ant viršaus pabarstykite likusį sūrį. Kaitinkite neuždengtą pilnoje temperatūroje 4-5 minutes. Jei norite, prieš patiekdami greitai paskrudinkite po karštu griliu (broileriu).

Klasikiniai makaronai ir sūris

Patiekiama 4-5

Ši versija yra šiek tiek turtingesnė nei šeimos makaronų sūris ir gali būti įvairių variantų.

225 g/8 uncijos/2 puodeliai laktaninių makaronų
7,5 ml / 1½ šaukštelio druskos
30 ml/2 šaukštai sviesto arba margarino

30 ml/2 šaukštai glotnių (visiems tikslams) miltų

300 ml / ½ pt / 1¼ puodelio pieno

225 g / 8 uncijos / 2 puodeliai čederio sūrio, tarkuoto

5–10 ml/1–2 arbatiniai šaukšteliai virtų garstyčių

Druska ir šviežiai malti juodieji pipirai

Sudėkite makaronus į gilų indą. Įmaišykite druską ir tiek verdančio vandens, kad jis pakiltų 5 cm/2 virš makaronų lygio. Virkite neuždengtą ant visos ugnies 8–10 minučių, kol suminkštės, du ar tris kartus pamaišydami. Palikite mikrobangų krosnelėje 3-4 minutes. Jei reikia, nukoškite ir leiskite pastovėti, kol ruošite padažą. Sviestą arba margariną, neuždengtą, ištirpinkite atitirpinant 1–1,5 minutės. Įmaišykite miltus, tada palaipsniui įmaišykite pieną. Virkite neuždengtą ant visos ugnies 6-7 minutes, kol masė taps vientisa ir sutirštės, kas minutę pamaišydami. Įmaišykite du trečdalius sūrio, tada garstyčias ir prieskonius, tada makaronus. Tolygiai paskirstykite 20 cm/8 skersmens inde. Pabarstykite likusiu sūriu. Kaitinkite neuždengtą pilnoje temperatūroje 3-4 minutes. Jei norite, prieš patiekdami greitai paskrudinkite po karštu griliu (broileriu).

Makaronai ir sūris su stiltonu

Patiekiama 4-5

Ruoškite kaip klasikinį makaronų sūrį, bet pusę Čedaro sūrio pakeiskite 100 g / 3½ uncijos / 1 puodeliu trupinto Stilton.

Makaronai ir sūris su šonine

Patiekiama 4-5

Ruoškite kaip klasikinius makaronus ir sūrį, bet sumaišykite 6 šoninės juosteles, kepkite ant grotelių iki traškumo, tada sutrupinkite, su garstyčiomis ir prieskoniais.

Makaronai ir sūris su pomidorais

Patiekiama 4-5

Ruoškite kaip klasikinius makaronus ir sūrį, bet ant makaronų viršaus uždėkite sluoksnį pomidorų griežinėlių iš maždaug 3 nuluptų pomidorų, prieš apibarstydami likusiu sūriu.

Spagečiai Carbonara

Tarnauja 4

75 ml/5 šaukštai dvigubos (tirštos) grietinėlės
2 dideli kiaušiniai
100 g / 4 uncijos / 1 puodelis Parmos kumpio, susmulkinto
175 g / 6 uncijos / 1½ puodeliai tarkuoto parmezano sūrio

350 g / 12 uncijų spagečių ar kitų didelių makaronų

Išplakite grietinėlę ir kiaušinius. Įmaišykite kumpį ir 90 ml/6 šaukštus parmezano sūrio. Išvirkite spagečius pagal instrukcijas. Nusausinkite ir sudėkite į serviravimo indą. Supilkite grietinėlės mišinį ir sumaišykite viską su dviem medinėmis šakėmis ar šaukštais. Uždenkite virtuviniu popieriumi ir pakaitinkite ant Full 1½ minutės. Patiekite kiekvieną porciją, užpiltą likusiu parmezano sūriu.

Picos stiliaus makaronai ir sūris

Patiekiama 4-5

225 g/8 uncijos/2 puodeliai laktaninių makaronų
7,5 ml / 1½ šaukštelio druskos
30 ml/2 šaukštai sviesto arba margarino

30 ml/2 šaukštai glotnių (visiems tikslams) miltų
300 ml / ½ pt / 1 ¼ puodelio pieno
125 g / 4 uncijos / 1 puodelis čederio sūrio, tarkuoto
125 g / 4 uncijos / 1 puodelis Mocarelos sūrio, tarkuoto
5–10 ml/1–2 arbatiniai šaukšteliai virtų garstyčių
Druska ir šviežiai malti juodieji pipirai
212 g/7 uncijos/1 nedidelė tuno skardinė aliejuje, nusausinta ir rezervuota
12 juodųjų alyvuogių be kauliukų, supjaustytų griežinėliais
1 konservuotas pimiento, supjaustytas
2 pomidorai, blanširuoti, nulupti ir stambiai supjaustyti
5–10 ml/1–2 arbatiniai šaukšteliai raudono arba žalio pesto
(nebūtina)
Baziliko lapeliai, papuošimui

Sudėkite makaronus į gilų indą. Įmaišykite druską ir tiek verdančio vandens, kad jis pakiltų 5 cm/2 virš makaronų lygio. Virkite neuždengtą ant visos ugnies 8–10 minučių, kol suminkštės, du ar tris kartus pamaišydami. Palikite mikrobangų krosnelėje 3-4 minutes. Jei reikia, nukoškite ir leiskite pastovėti, kol ruošite padažą. Sviestą arba margariną, neuždengtą, ištirpinkite atitirpinant 1–1,5 minutės. Įmaišykite miltus, tada palaipsniui įmaišykite pieną. Virkite neuždengtą ant visos ugnies 6-7 minutes, kol masė taps vientisa ir sutirštės, kas minutę pamaišydami. Įmaišykite du trečdalius kiekvieno sūrio, tada garstyčias ir prieskonius. Sumaišykite makaronus, tuną, 15 ml/1 arbatinį šaukštelį tuno aliejaus, alyvuoges, pimiento, pomidorus ir pesto, jei naudojate. Tolygiai paskirstykite 20 cm/8 skersmens inde. Pabarstykite likusiais sūriais. Kaitinkite neuždengtą pilnoje temperatūroje 3-4 minutes. Jei tau patinka,

Spagečių kremas su svogūnais

Tarnauja 4

150 ml/¼ pt/2/3 puodelio dvigubos (tirštos) grietinėlės
1 kiaušinio trynys
150 g / 5 uncijos / 1¼ puodeliai tarkuoto parmezano sūrio
8 svogūnai, smulkiai pjaustyti
Druska ir šviežiai malti juodieji pipirai
350 g / 12 uncijų spagečių ar kitų didelių makaronų

Suplakite grietinėlę, kiaušinio trynį, 45 ml/3 šaukštus parmezano sūrio ir svogūną. Sezonas gerai pagal pageidavimą. Išvirkite spagečius pagal instrukcijas. Nusausinkite ir sudėkite į serviravimo indą. Supilkite grietinėlės mišinį ir sumaišykite viską su dviem medinėmis šakėmis ar šaukštais. Uždenkite virtuviniu popieriumi ir pakaitinkite ant Full 1½ minutės. Likusį parmezaną pasiūlykite atskirai.

Bolognese spagečiai

Tarnauja 4-6

450 g / 1 svaras / 4 puodeliai liesos maltos (maltos) jautienos
1 skiltelė česnako, susmulkinta

1 didelis svogūnas, sutarkuotas

1 žalia (babura) paprika, išvalyta iš sėklų ir smulkiai supjaustyta

5 ml/1 arbatinis šaukštelis itališkų prieskonių arba sausų prieskonių mišinio

400 g/14 oz/1 didelės skardinės pjaustytų pomidorų

45 ml/3 šaukštai pomidorų tyrės (pasta)

1 jautienos pagrindo kubelis

75 ml/5 šaukštai raudonojo vyno arba vandens

15 ml/1 valgomasis šaukštas tamsiai minkšto rudojo cukraus

5 ml/1 arbatinis šaukštelis druskos

Šviežiai malti juodieji pipirai

350 g / 12 uncijų šviežiai virti ir nusausinti spagečiai ar kiti makaronai

Tarkuoto parmezano sūrio

Sumaišykite jautieną su česnaku 1,75 kv./3 pt/7½ puodelio puode. Virkite neuždengę pilnoje temperatūroje 5 minutes. Sumaišykite visus likusius ingredientus, išskyrus druską, pipirus ir spagečius. Uždenkite lėkšte ir kepkite ant Full 15 minučių, keturis kartus pamaišydami šakute, kad mėsa sulaužytų. Leiskite pastovėti 4 minutes. Pagardinkite druska ir pipirais pagal skonį ir patiekite su spagečiais. Specialiai pasiūlykite parmezaną.

Spagečiai su kalakutienos bolognese padažu

Tarnauja 4

Ruoškite kaip Bolonijos spagečius, bet jautieną pakeiskite malta kalakutiena.

Spagečiai su Ragu padažu

Tarnauja 4

Tradicinis ir ekonomiškas padažas, pirmą kartą panaudotas Anglijoje Soho tratorijose netrukus po Antrojo pasaulinio karo.

20 ml/4 arbatiniai šaukšteliai alyvuogių aliejaus
1 didelis svogūnas smulkiai pjaustytas
1 skiltelė česnako, susmulkinta
1 nedidelė morka, sutarkuota
250 g/8 uncijos/2 puodeliai liesos maltos (maltos) jautienos
10 ml/2 arbatiniai šaukšteliai lygių (universalių) miltų
15 ml/1 valgomasis šaukštas pomidorų tyrės (pasta)
300 m/½ pt/1¼ puodelio jautienos sultinio
45 ml/3 šaukštai sauso baltojo vyno
1,5 ml/¼ arbatinio šaukštelio džiovinto baziliko
1 mažas lauro lapas
175 g/6 uncijos grybų, grubiai pjaustytų
Druska ir šviežiai malti juodieji pipirai
350 g / 12 uncijų šviežiai virti ir nusausinti spagečiai ar kiti makaronai
Tarkuoto parmezano sūrio

Į 1,75 kv./3 pt/7½ puodelio puodą sudėkite aliejų, svogūną, česnaką ir morkas. Kaitinkite neuždengtą ant visos ugnies 6 minutes. Sudėkite visus likusius ingredientus, išskyrus druską, pipirus ir spagečius. Uždenkite lėkšte ir virkite ant Full 11 minučių, tris kartus pamaišydami. Leiskite pastovėti 4 minutes. Pagardinkite druska ir pipirais, išimkite lauro lapą ir patiekite su spagečiais. Specialiai pasiūlykite parmezaną.

Spagečiai su sviestu

Tarnauja 4

350 g/12 uncijų makaronų
60 ml/4 šaukštai sviesto arba alyvuogių aliejaus
Tarkuoto parmezano sūrio

Išvirkite makaronus pagal instrukcijas. Nusausinkite ir sudėkite į didelį dubenį su sviestu arba alyvuogių aliejumi. Maišykite dviem šaukštais, kol makaronai gerai apsems. Šaukštu dėkite į keturias pašildytas lėkštes ir ant kiekvienos uždėkite tarkuoto parmezano sūrio.

Makaronai su česnaku

Tarnauja 4

350 g/12 uncijų makaronų
2 skiltelės česnako, sutrintos
50g/2oz sviesto
10 ml/2 arbatiniai šaukšteliai alyvuogių aliejaus
30 ml/2 šaukštai kapotų petražolių
Tarkuoto parmezano sūrio
Sutarkuoti raketų arba radicchio lapai

Išvirkite makaronus pagal instrukcijas. Česnaką, sviestą ir aliejų pakaitinkite ant visos ugnies 1,5 minutės. Įmaišykite petražoles. Nusausinkite makaronus ir sudėkite į serviravimo indą. Sudėkite česnako mišinį ir viską išmaišykite dviem mediniais šaukštais. Patiekite iš karto apibarstę parmezano sūriu ir papuošę smulkintais raketų ar radičo lapeliais.

Spagečiai su jautiena ir Bolonijos padažu iš daržovių mišinių

Tarnauja 4

30 ml/2 šaukštai alyvuogių aliejaus
1 didelis svogūnas smulkiai pjaustytas
2 sutrintos česnako skiltelės
4 gabaliukai (griežinėliai) susmulkintos šoninės
1 saliero stiebas, susmulkintas
1 morka, tarkuota
125 g grybų, plonais griežinėliais
225 g/8 uncijos/2 puodeliai liesos maltos (maltos) jautienos
30 ml/2 šaukštai glotnių (visiems tikslams) miltų
1 vyno taurė sauso raudonojo vyno
150 ml / ¼ pt / 2/3 puodelio passata (sijoti pomidorai)
60 ml/4 šaukštai jautienos sultinio
2 dideli pomidorai, blanširuoti, nulupti ir supjaustyti
15 ml/1 valgomasis šaukštas tamsiai minkšto rudojo cukraus
1,5 ml/¼ arbatinio šaukštelio tarkuoto muskato riešuto
15 ml/1 valgomasis šaukštas susmulkintų baziliko lapelių
Druska ir šviežiai malti juodieji pipirai
350 g / 12 uncijų šviežiai virti ir nusausinti spagečiai
Tarkuoto parmezano sūrio

Įdėkite aliejų, svogūną, česnaką, šoninę, salierą ir morkas į 2 kv./3½ pt/8½ puodelio puodą. Sudėkite grybus ir mėsą. Virkite neuždengtą ant visos ugnies 6 minutes, du kartus pamaišydami šakute, kad mėsa sulaužytų. Sumaišykite visus likusius ingredientus, išskyrus druską, pipirus ir spagečius. Uždenkite lėkšte ir virkite ant Full 13-15 minučių, tris kartus pamaišydami. Leiskite pastovėti 4 minutes. Pagardinkite druska ir pipirais ir patiekite su makaronais. Specialiai pasiūlykite parmezaną.

Spagečiai su mėsos padažu ir grietinėle

Tarnauja 4

Paruoškite kaip spagečius su jautienos Bolognese padažu ir daržovių mišiniu, bet pabaigoje įmaišykite 30–45 ml/2–3 šaukštus dvigubos (tirštos) grietinėlės.

Spagečiai su Marsala mėsos padažu

Tarnauja 4

Paruoškite kaip spagečius su jautienos Bolognese padažu ir daržovių mišiniu, tačiau vyną pakeiskite Marsala ir pabaigoje įdėkite 45 ml/3 šaukštus Marscapone sūrio.

Makaronai alla Marinara

Tarnauja 4

Tai reiškia „jūreivio stilius" ir kilęs iš Neapolio.
30 ml/2 šaukštai alyvuogių aliejaus
3-4 sutrintos česnako skiltelės
8 dideli pomidorai, blanširuoti, nulupti ir supjaustyti
5 ml/1 arbatinis šaukštelis smulkiai pjaustytų mėtų
15 ml/1 valgomasis šaukštas smulkiai pjaustytų baziliko lapelių
Druska ir šviežiai malti juodieji pipirai
350 g / 12 uncijų šviežiai virti ir nusausinti makaronai
Patiekimui tarkuotas pecorino arba parmezano sūris

Visus ingredientus, išskyrus makaronus, sudėkite į 1,25 kv./2¼ pt/5½ puodelio puodą. Uždenkite lėkšte ir virkite ant Full 6-7 minutes tris kartus pamaišydami. Patiekite su makaronais ir atskirai pasiūlykite pecorino arba parmezano.

Matricianos makaronai

Tarnauja 4

Kaimiškas makaronų padažas iš centrinio Italijos Abrucų regiono.

30 ml/2 šaukštai alyvuogių aliejaus
1 svogūnas susmulkintas
5 gabaliukai (šnitos) nerūkytos dryžuotos šoninės, grubiai supjaustytos
8 pomidorai, blanširuoti, nulupti ir supjaustyti
2-3 sutrintos česnako skiltelės
350 g / 12 uncijų šviežiai virti ir nusausinti makaronai
Patiekimui tarkuotas pecorino arba parmezano sūris

Visus ingredientus, išskyrus makaronus, sudėkite į 1,25 kv./2¼ pt/5½ puodelio puodą. Uždenkite lėkšte ir kepkite ant Full 6 minutes, du kartus pamaišydami. Patiekite su makaronais ir atskirai pasiūlykite pecorino arba parmezano.

Makaronai su tunu ir kaparėliais

Tarnauja 4

15 ml/1 valgomasis šaukštas sviesto
200 g/7 uncijos/1 nedidelė tuno skardinė aliejuje
60 ml/4 šaukštai daržovių sultinio arba baltojo vyno
15 ml/1 valgomasis šaukštas kapotų kaparėlių
30 ml/2 šaukštai kapotų petražolių
350 g / 12 uncijų šviežiai virti ir nusausinti makaronai
Tarkuoto parmezano sūrio

Sviestą sudėkite į 600 ml/1 pt/2½ puodelio dubenį ir neuždengę ištirpinkite ant atitirpinimo 1½ minutės. Sudėkite tuno skardinės turinį ir sutarkuokite žuvį. Įmaišykite sultinį arba vyną, kaparėlius ir petražoles. Uždenkite lėkšte ir kaitinkite pilnoje temperatūroje 3-4 minutes. Patiekite su makaronais, o ypač pasiūlykite parmezano.

Makaronai Napoletana

Tarnauja 4

Šį prabangų neapolietišką pomidorų padažą, šiltą ir ryškų skonį, geriausia pasigaminti vasarą, kai pomidorai yra didžiausi.

8 dideli prinokę pomidorai, blanširuoti, nulupti ir stambiai supjaustyti
30 ml/2 šaukštai alyvuogių aliejaus
1 svogūnas susmulkintas
2-4 susmulkintų česnako skiltelių
1 saliero stiebas, smulkiai pjaustytas
15 ml/1 valgomasis šaukštas susmulkintų baziliko lapelių
10 ml/2 šaukštelio šviesiai minkšto rudojo cukraus
60 ml/4 šaukštai vandens arba raudonojo vyno
Druska ir šviežiai malti juodieji pipirai
30 ml/2 šaukštai kapotų petražolių
350 g / 12 uncijų šviežiai virti ir nusausinti makaronai
Tarkuoto parmezano sūrio

Pomidorus, aliejų, svogūną, česnaką, salierą, baziliką, cukrų ir vandenį arba vyną sudėkite į 1,25 litro/2¼ pt/5½ puodelio puodą. Gerai ismaisyti. Uždenkite lėkšte ir kepkite ant Full 7 minutes, du kartus pamaišydami. Pagardinkite pagal skonį, tada įmaišykite petražoles. Patiekite iš karto su makaronais, o parmezano sūrio pasiūlykite atskirai.

Makaronai Pizzaiola

Tarnauja 4

Paruoškite kaip makaronus Napoletana, bet padidinkite pomidorų skaičių iki 10, praleiskite svogūną, salierą ir vandenį bei įpilkite dvigubai daugiau petražolių. Įpilkite 15 ml/1 arbatinį šaukštelį šviežio arba 2,5 ml/½ šaukštelio džiovinto raudonėlio su petražolėmis.

Makaronai su žirneliais

Tarnauja 4

Paruoškite kaip Pasta Napoletana, bet į pomidorus su kitais ingredientais įdėkite 125 g stambiai pjaustyto kumpio ir 175 g šviežių žirnelių. Virkite 9-10 minučių.

Makaronai su vištienos kepenėlių padažu

Tarnauja 4

225 g / 8 uncijos vištienos kepenėlės
30 ml/2 šaukštai glotnių (visiems tikslams) miltų
15 ml/1 valgomasis šaukštas sviesto
15 ml/1 valgomasis šaukštas alyvuogių aliejaus
1-2 sutrintos česnako skiltelės
125 g grybų, supjaustytų griežinėliais
150 ml / ¼ pt / 2/3 puodelio karšto vandens
150 ml / ¼ pt / 2/3 puodelio sauso raudonojo vyno
Druska ir šviežiai malti juodieji pipirai

350 g/12 uncijų makaronų, ką tik išvirti ir nusausinti

Makaronai su ančiuviais

Tarnauja 4

30 ml/2 šaukštai alyvuogių aliejaus
15 ml/1 valgomasis šaukštas sviesto
2 sutrintos česnako skiltelės
50 g/2 uncijos/1 nedidelės skardinės ančiuvių filė aliejuje
45 ml/3 šaukštai kapotų petražolių
2,5 ml/½ arbatinio šaukštelio džiovinto baziliko
Šviežiai malti juodieji pipirai
350 g / 12 uncijų šviežiai virti ir nusausinti makaronai

Įdėkite aliejų, sviestą ir česnaką į 600 ml / 1 pt / 2½ puodelio puodą. Ančiuvius susmulkinkite ir iš skardinės sudėkite į aliejų. Įmaišykite petražoles, bazilikus ir pipirus pagal skonį. Uždenkite lėkšte ir kepkite ant „Full" 3–3,5 minutės. Patiekite iš karto su makaronais.

Ravioliai su padažu

Tarnauja 4

350 g/12 uncijos/3 puodeliai raviolių

Virkite kaip didelius makaronus, tada patiekite su bet kuriuo iš aukščiau išvardytų pomidorų padažų.

Tortellini

Tarnauja 4

Atidėkite apie 250 g/9 uncijų parduotuvėje pirktų tortellini ir išvirkite kaip didelius šviežius arba džiovintus makaronus. Kruopščiai nusausinkite, įpilkite 25 g / 1 uncijos / 2 šaukštus nesūdyto (saldaus) sviesto ir gerai išmaišykite. Kiekvieną dalį patiekite apibarstę tarkuotu parmezano sūriu.

Lazanija

Tarnauja 4-6

45 ml/3 šaukštai karšto vandens
Spageti Bolognese padažas
9–10 lakštų paprastos, žalios (verdi) arba rudos (visos) lazanijos,
kurios nereikia iš anksto virti
Sūrio padažas
25 g / 1 oz / ¼ puodelio tarkuoto parmezano sūrio
30 ml/2 šaukštai sviesto
Tarkuoto muskato riešuto

Aliejumi arba sviestu ištepkite 20 cm/8 kvadratinių skardą. Į Bolonijos padažą įpilkite karšto vandens. Ant dubens dugno uždėkite sluoksnį lazanijos lakštų, tada sluoksnį Bolonijos padažo, tada sluoksnį sūrio padažo. Tęskite sluoksnius, užbaikite sūrio padažu. Pabarstykite parmezano sūriu, apšlakstykite sviestu ir pabarstykite muskato riešutu. Kepkite neuždengę 15 minučių, du kartus apversdami keptuvę. Leiskite pailsėti 5 minutes, tada kepkite dar 15 minučių arba tol, kol lazanija suminkštės, įsmeigus peilį į centrą. (Virimo laikas skirsis priklausomai nuo abiejų padažų pradinės temperatūros.)

Pica Napoletana

Tai sudaro 4

Mikrobangų krosnelė puikiai atlieka picų darbą, primena tas, kurias galite rasti visoje Italijoje ir ypač Neapolyje.

30 ml/2 šaukštai alyvuogių aliejaus
2 svogūnai, nulupti ir smulkiai pjaustyti
1 skiltelė česnako, susmulkinta
150 g / 5 uncijos / 2/3 puodelio pomidorų tyrės (pasta)
Pagrindinė tešla baltai arba rudai duonai
350 g / 12 uncijos / 3 puodeliai Mocarelos sūrio, tarkuoto
10 ml/2 arbatiniai šaukšteliai džiovintų raudonėlių
50 g/2 uncijos/1 nedidelės skardinės ančiuvių filė aliejuje

Kepkite aliejų, svogūną ir česnaką neuždengę pilnoje temperatūroje 5 minutes, du kartus pamaišydami. Įmaišykite pomidorų tyrę ir atidėkite. Tešlą po lygiai padalinkite į keturias dalis. Kiekvieną iškočiokite į tokio dydžio apskritimą, kad padengtumėte aliejumi pateptą ir miltais pabarstytą 20 cm/8 plokščią lėkštę. Uždenkite virtuviniu popieriumi ir palikite 30 minučių. Ant kiekvieno ištepkite pomidorų mišinį. Sūrį sumaišykite su raudonėliu ir tolygiai pabarstykite kiekvieną picą. Papuoškite ančiuviais. Kepkite atskirai, uždengus virtuviniu popieriumi, ant Full 5 minutes, du kartus apversdami. Valgyk dabar.

Pica Margherita

Tai sudaro 4

Ruoškite kaip ir Napoletana picą, bet raudonėlį pakeiskite sausais baziliku ir atsisakykite ančiuvių.

Jūros gėrybių pica

Tai sudaro 4

Paruoškite kaip „Pizza Napoletana". Kai iškeps, supjaustykite krevetes, midijas, moliuskus ir kt.

Pica Siciliana

Tai sudaro 4

Paruoškite kaip „Pizza Napoletana". Kai iškeps, tarp ančiuvių įsmeikite 18 mažų juodųjų alyvuogių.

Pica su grybais

Tai sudaro 4

Ruoškite kaip Napoletana picą, bet prieš dėdami sūrį ir žoleles ant pomidorų mišinio pabarstykite 100 g/3½ uncijos plonais griežinėliais pjaustytų grybų. Virkite dar 30 sekundžių.

Pica su kumpiu ir ananasais

Tai sudaro 4

Ruoškite kaip ir Napoletana picą, bet prieš dėdami sūrį ir žoleles ant pomidorų mišinio pabarstykite 125 g/4 uncijos/1 puodelį susmulkinto kumpio. Susmulkinkite 2 žiedus konservuotų ananasų ir pabarstykite jais ant picos viršaus. Virkite dar 45 sekundes.

Pepperoni pica

Tai sudaro 4

Ruoškite kaip ir Napoletana picą, bet kiekvieną picą uždėkite 6 plonomis pepperoni griežinėliais.

Migdolų drožlės su sviestu

Puikus saldžių ir pikantiškų patiekalų užpilas.

15 ml/1 valgomasis šaukštas nesūdyto (saldaus) sviesto
50 g / 2 uncijos / ½ puodelio griežinėliais supjaustytų migdolų
Paprasta arba aromatizuota druska arba geležies (super smulkus) cukrus

Sviestą sudėkite į negilų 20 cm/8 skersmens indą. Lydyti, neuždengtas, ant Full 45-60 sekundžių. Suberkite migdolus ir kepkite ant visos ugnies neuždengę 5–6 minutes iki auksinės rudos spalvos, kas minutę maišydami ir vartydami. Sūriems patiekalams pagardinti pabarstykite druska ir saldžiu cukrumi.

Susmulkinti migdolai česnakiniame svieste

Paruoškite kaip susmulkintą migdolų sviestą, bet naudokite parduotuvėje pirktą česnakinį sviestą. Jis puikiai tinka patiekalams, tokiems kaip bulvių košė, ir gali būti dedamas į kremines sriubas.

Džiovinti kaštonai

Mikrobangų krosnelė leidžia džiovintus kaštonus virti ir naudoti greičiau nei per 2 valandas be mirkymo per naktį, o po to ilgai virti. Taip pat sunkus lupimo darbas jau atliktas už jus.

Nuplaukite 250 g/8 uncijos/2 puodelius džiovintų kaštonų. Sudėkite į 1,75 litro / 3 pt / 7½ puodelio indą. Įmaišykite 600 ml/1 pt/2½ stiklinės verdančio vandens. Uždenkite lėkšte ir kepkite ant Full 15 minučių, tris kartus apversdami keptuvę. Palikite mikrobangų krosnelėje 15 minučių. Pakartokite tą patį virimo ir stovėjimo laiką. Atidenkite, įpilkite dar 150 ml/¼ pt/2/3 puodelio verdančio vandens ir išmaišykite. Uždenkite kaip ir anksčiau ir virkite ant Full 10 minučių, du kartus pamaišydami. Prieš naudojimą palikite pastovėti 15 minučių.

Džiovinimo žolelės

Jei auginate savo žoleles, bet sunku jas džiovinti drėgname ir nenuspėjamame klimate, mikrobangų krosnelė greitai, efektyviai ir švariai atliks darbą už jus, todėl žiemos mėnesiais galėsite mėgautis kasmetiniu derliumi. Kiekvieną žolelių veislę reikia džiovinti atskirai, kad skonis išliktų nepakitęs. Jei norėsite vėliau, galite pasigaminti savo mišinių, sumaišydami kelias džiovintas žoleles.

Pradėkite pjaustydami žoleles nuo jų krūmų žirklėmis arba žirklėmis. Nuimkite lapus (rozmarinų atveju – adatas) nuo stiebų ir laisvai supakuokite į 300 ml/½ pt/1¼ puodelio matavimo ąsotį, pripildykite beveik iki kraštų. Sudėkite į kiaurasamtį (kiaurasamtį) ir greitai bei švelniai nuplaukite po šaltu tekančiu vandeniu. Kruopščiai nusausinkite, tada nusausinkite tarp švaraus, sauso virtuvinio rankšluosčio (indų šluostės) klosčių. Tiesiogiai ant mikrobangų krosnelės sukamojo stalo padėkite dvigubo storio virtuvinio popieriaus. Kaitinkite neuždengę ant visos ugnies 5–6 minutes, du ar tris kartus atsargiai perkeldami žoleles ant popieriaus. Kai tik jie skamba kaip ošiantys rudens lapai ir praranda ryškiai žalią spalvą, galima manyti, kad žolė išdžiovinta. Jei ne, toliau kaitinkite 1–1,5 minutės. Išimkite iš orkaitės ir palikite atvėsti. Džiovintas žoleles sutrinkite trindami tarp rankų. Perkelkite į sandarius stiklainius su dangteliais ir etiketėmis. Laikyti atokiai nuo stiprios šviesos.

Traškūs džiūvėsėliai

Aukštos kokybės blyškūs džiūvėsėliai – skirtingai nei medetkų geltonumo pakuotėje – puikiai iškepa mikrobangų krosnelėje ir tampa traškūs bei trapūs nekrusnojant. Duona gali būti šviežia arba sena, tačiau šviežia džiūsta šiek tiek ilgiau. Sutrupinkite 3½ didelių griežinėlių traškios baltos arba juodos duonos į smulkius trupinius. Trupinius paskleiskite į negilų 25 cm/10 cm skersmens indą. Virkite neuždengtą ant visos ugnies 5-6 minutes, keturis kartus pamaišydami, kol pirštais pajusite, kaip išdžiūsta ir traška trupiniai. Leiskite atvėsti, retkarčiais pamaišydami, tada laikykite sandariame inde. Jis beveik neribotą laiką išliks vėsioje vietoje.

Mėsainiai su riešutais

Tai sudaro 12

Jie jokiu būdu nėra naujiena, ypač vegetarams ir veganams, tačiau riešutų derinys suteikia šiems mėsainiams išskirtinį skonį ir trašką tekstūrą, taip pat viliojančią. Juos galima patiekti šiltus su padažu, šaltus su salotomis ir majonezu, perpjauti pusiau horizontaliai ir naudoti kaip įdarą sumuštiniams arba valgyti kaip užkandį.

30 ml/2 šaukštai sviesto arba margarino
125 g / 4 uncijos / 1 puodelis negliaudytų sveikų migdolų
125 g/4 uncijos/1 puodelis pekano gabalėlių
125 g/4 uncijos/1 puodelis anakardžių gabalėlių, skrudinti
125 g / 4 uncijos / 2 puodeliai šviežių minkštų rudų džiūvėsėlių
1 vidutinio dydžio svogūnas, sutarkuotas
2,5 ml/½ arbatinio šaukštelio druskos
5 ml/1 arbatinis šaukštelis paruoštų garstyčių
30 ml/2 šaukštai šalto pieno

Sviestą arba margariną, neuždengtą, ištirpinkite pilnoje temperatūroje 1–1,5 minutės. Graikinius riešutus gana smulkiai sumalkite trintuvu arba virtuviniu kombainu. Išimkite ir sumaišykite su likusiais ingredientais, įskaitant sviestą arba margariną. Padalinkite į 12 lygių dalių ir suformuokite ovalus. Išdėliokite ant didesnės riebalais pateptos lėkštės krašto. Virkite neuždengtą ant visos ugnies 4 minutes, vieną kartą apversdami. Leiskite pastovėti 2 minutes.

Nutkin tortas

Tarnauja 6-8

Paruoškite kaip riešutų mėsainius, bet migdolus, pekano riešutus ir anakardžius pakeiskite 350 g/12 uncijų/3 puodeliais maltų riešutų mišinio, kurį pasirinksite. Suformuokite apvalią 20 cm/8 skersmens formą ir dėkite ant riebalais išteptos kepimo skardos. Virkite neuždengtą pilnoje temperatūroje 3 minutes. Leiskite pastovėti 5 minutes, tada virkite ant Full dar 2,5 minutės. Leiskite pastovėti 2 minutes. Patiekite šiltą arba šaltą, supjaustykite griežinėliais.

Grikiai

Tarnauja 4

Taip pat žinomi kaip Saracen kukurūzai ir kilę iš Rusijos, grikiai nėra susiję su jokiais kitais grūdais. Tai nedidelis saldžiai kvepiančio rausvažiedžio augalo, kuris priklauso ličių šeimai, vaisius. Blini (arba rusiškų blynų) pagrindas – dribsniai yra sotus, žemiškas maistas ir sveikas bulvių pakaitalas su mėsa ir paukštiena.

175 g/6 uncijos/1 puodelis grikių
1 kiaušinis, sumuštas
5 ml/1 arbatinis šaukštelis druskos
750 ml / 1¼ taško / 3 puodeliai verdančio vandens

Sumaišykite grikius ir kiaušinį 2 kvartų / 3½ pt / 8½ puodelio dubenyje. Skrudinkite neuždengę ant visos ugnies 4 minutes, kas minutę maišydami ir sulaužydami šakute. Įpilkite druskos ir vandens. Įdėkite ant lėkštės į mikrobangų krosnelę, jei neišsilietų, ir virkite neuždengtą ant visos ugnies 22 minutes, keturis kartus pamaišydami. Uždenkite lėkšte ir palikite 4 minutes pailsėti. Prieš patiekdami apvalykite šakutę.

bulgarų

Tarnauja 6-8

Šie grūdai, taip pat vadinami burghal, burghul arba skaldytais kviečiais, yra vienas iš pagrindinių Artimųjų Rytų maisto produktų. Dabar jis yra plačiai prieinamas prekybos centruose ir sveiko maisto parduotuvėse.

225 g/8 uncijos/1¼ puodeliai bulgarų
600 ml/1 pt/2½ stiklinės verdančio vandens
5–7,5 ml/1–1½ šaukštelio druskos

Įdėkite bulgarą į 1,75 kv/3 pt/7½ puodelio indą. Skrudinkite neuždengę ant visos ugnies 3 minutes, kas minutę pamaišydami. Įmaišykite verdantį vandenį ir druską. Uždenkite lėkšte ir palikite pastovėti 6-15 minučių, priklausomai nuo naudojamos bulgarų rūšies, kol grūdai taps al dente, kaip makaronai. Subadyti šakute ir valgyti karštą arba šaltą.

Bulgariškas su keptais svogūnais

Tarnauja 4

1 svogūnas, sutarkuotas
15 ml/1 valgomasis šaukštas alyvuogių arba saulėgrąžų aliejaus
1 kiekis Bulgarija

Į nedidelį dubenį sudėkite svogūną ir aliejų. Virkite neuždengtą ant visos ugnies 4 minutes tris kartus pamaišydami. Supilkite į išvirtą bulgarą kartu su vandeniu ir druska.

Tabula

Tarnauja 4

Sodriai žalios spalvos su petražolėmis šis patiekalas primena Libaną ir yra viena patraukliausių salotų, kurią galima įsivaizduoti, puikiai papildantis daugybę patiekalų nuo vegetariškų kotletų su riešutais iki keptos avienos. Jis taip pat yra patrauklus užkandis, paskirstytas ant salotų atskirose lėkštėse.

1 kiekis Bulgarija
120–150 ml / 4–5 fl uncijos / ½–2/3 puodelio smulkiai pjaustytų petražolių
30 ml/2 šaukštai susmulkintų mėtų lapelių
1 vidutinio dydžio svogūnas, smulkiai tarkuotas
15 ml/1 valgomasis šaukštas alyvuogių aliejaus
Druska ir šviežiai malti juodieji pipirai
Salotų lapai
Garnyrui pjaustyti pomidorai, kubeliais pjaustytas agurkas ir juodosios alyvuogės

Virkite bulgarų patiekalą pagal instrukcijas. Pusę kiekio supilkite į dubenį ir įmaišykite petražoles, mėtas, svogūną, aliejų ir daug druskos bei pipirų pagal skonį. Atvėsusius išdėliokite ant salotų lapų ir patraukliai papuoškite garnyru. Likusią bugotiną naudokite bet kokiu būdu.

Sultonos salotos

Tarnauja 4

Asmeniškai mėgstamas, užpiltas fetos sūrio gabalėliais ir patiekiamas su pita duona, tai yra visavertis patiekalas.

1 kiekis Bulgarija
1-2 sutrintos česnako skiltelės
1 morka, tarkuota
15 ml/1 valgomasis šaukštas susmulkintų mėtų lapelių
60 ml/4 šaukštai kapotų petražolių
1 didelės citrinos sultys, nukoškite
45 ml/3 šaukštai alyvuogių arba saulėgrąžų aliejaus arba abiejų mišinio
Žalios salotos
Kepti migdolai ir žalios alyvuogės, papuošimui

Bulgarą išvirkite pagal instrukcijas, tada įmaišykite česnaką, morkas, mėtas, petražoles, citrinos sultis ir aliejų. Išdėliokite salotomis išklotoje lėkštėje ir pabarstykite keptais migdolais bei žaliomis alyvuogėmis.

po truputį

Tarnauja 4

Kuskusas yra ir grūdas, ir Šiaurės Afrikos mėsos ar daržovių troškinio pavadinimas. Pagaminta iš kietųjų kviečių manų kruopų (kviečių kremo), atrodo kaip maži, tobulai suapvalinti perlai. Anksčiau jį rankų darbo gamindavo atsidavę ir talentingi namų virėjai, tačiau dabar jį galima įsigyti pakuotėse ir greitai paruošti dėl prancūziškos technikos, kuri pašalina sudėtingą ir lėtą garinimo procesą. Bet kurį bulgarišką patiekalą galite pakeisti kuskusu (p. 209–10).

250 g/9 uncijos/1½ puodelio parduotuvėje pirkto kuskuso
300 ml/½ pt/1¼ puodelio verdančio vandens
5–10 ml/1–2 arbatiniai šaukšteliai druskos

Kuskusą sudėkite į 1,75 litro / 3 pt / 7½ puodelio puodą ir neuždengę skrudinkite ant visos ugnies 3 minutes, kas minutę maišydami. Įpilkite vandens, druskos ir pasukite šakute. Uždenkite lėkšte ir kepkite ant Full 1 minutę. Leiskite pastovėti mikrobangų krosnelėje 5 minutes. Prieš patiekiant subadykite šakute.

Manų kruopos

Tarnauja 4

Hominy kruopos yra beveik balti Šiaurės Amerikos grūdai, kurių pagrindą sudaro kukurūzai (kukurūzai). Valgomas su karštu pienu ir cukrumi arba su sviestu ir druska bei pipirais. Jį galima įsigyti specializuotose maisto parduotuvėse, tokiose kaip „Harrods" Londone.

150 g / 5 uncijos / šiek tiek 1 puodelis manų kruopų
150 ml / ¼ pt / 2/3 puodelio šalto vandens
600 ml/1 pt/2½ stiklinės verdančio vandens
5 ml/1 arbatinis šaukštelis druskos

Sudėkite kruopas į 2,5 kv./4½ pt/11 puodelio dubenį. Sklandžiai sumaišykite su šaltu vandeniu, tada sumaišykite su verdančiu vandeniu ir druska. Virkite neuždengtą ant visos ugnies 8 minutes, keturis kartus pamaišydami. Uždenkite lėkšte ir prieš patiekdami leiskite pastovėti 3 minutes.

Gnocchi alla Romana

Tarnauja 4

Gnocchi dažnai sutinkami italų restoranuose, kur jie labai populiarūs. Gamina sočius ir sveikus pietus ar vakarienę su salotomis ir naudojant ekonomiškus ingredientus.

600 ml / 1 pt / 2½ puodelio šalto pieno
150 g/5 uncijos/¾ puodelio manų kruopų (kviečių grietinėlės)
5 ml/1 arbatinis šaukštelis druskos
50 g/2 uncijos/¼ puodelio sviesto arba margarino
75 g / 3 uncijos / ¾ puodelio tarkuoto parmezano sūrio
2,5 ml/½ arbatinio šaukštelio kontinentinių garstyčių
1,5 ml/¼ arbatinio šaukštelio tarkuoto muskato riešuto
1 didelis kiaušinis, sumuštas
Mišrios salotos
Pomidorų kečupas (catsup)

Pusę šalto pieno sklandžiai sumaišykite su manų kruopomis 1,5 litro / 2½ pt / 6 puodelių dubenyje. Likusį pieną, neuždengtą, kaitinkite ant Full 3 minutes. Manų kruopas sumaišykite su druska. Virkite neuždengtą ant visos ugnies 7 minutes, kol labai sutirštės, keturis ar penkis kartus maišydami, kad mišinys išliktų lygus. Išimkite iš mikrobangų krosnelės ir įmaišykite pusę sviesto, pusę sūrio ir visas garstyčias, muskato riešutą ir kiaušinį. Virkite neuždengę pilnoje temperatūroje 1 minutę. Uždenkite lėkšte ir palikite 1 minutę pastovėti. Paskleiskite į aliejumi pateptą arba sviestu išteptą negilų 23 cm/9 kvadratinių indą. Šiek tiek uždenkite virtuviniu popieriumi ir palikite šaltai, kol sustings. Supjaustykite 2,5 cm/1 kvadratėliais. Išdėliokite į 23 cm/9 skersmens sviestu pateptą apvalų indą persidengiančiais žiedais. Pabarstykite likusiu sūriu,

Gnocchi su kumpiu

Tarnauja 4

Paruoškite kaip Gnocchi alla Romana, bet pridėkite 75 g/3 uncijos/¾ puodelio susmulkinto Parmos kumpio su šiltu pienu.

Soros

Tarnauja 4-6

Malonus ir subtilus grūdas, giminingas sorgai, kuris yra neįprastas ryžių pakaitalas. Jei valgysite su ankštinėmis daržovėmis (žirniais, pupelėmis ir lęšiais), gausite subalansuotą, baltymų turintį maistą.

175 g / 6 uncijos / 1 puodelis soros
750 ml/1¼ taško/3 puodeliai verdančio vandens arba sultinio
5 ml/1 arbatinis šaukštelis druskos

Sudėkite sorą į 2 kvartų / 3½ pt / 8½ puodelio dubenį. Skrudinkite neuždengę pilnoje temperatūroje 4 minutes, du kartus pamaišydami. Sumaišykite su vandeniu ir druska. Atsistokite ant lėkštės, jei išsiliejo. Virkite neuždengtą pilnoje temperatūroje 20-25 minutes, kol visas vanduo susigers. Subadykite šakute ir iškart valgykite.

Polenta

Tarnauja 6

Ryškiai geltoni grūdai, pagaminti iš kukurūzų, panašūs į manų kruopas (kviečių kremą), bet stambesni. Tai pagrindinis maistas su krakmolu Italijoje ir Rumunijoje, kur jis labai gerbiamas ir dažnai valgomas kaip garnyras prie mėsos, paukštienos, kiaušinių ir daržovių patiekalų. Pastaraisiais metais tai tapo madinga restorano ypatybe, dažnai supjaustoma kvadratėliais ir patiekiama kepta (kepta) arba kepta (troškinta) su padažais, panašiais į naudojamus spagečiams.

150 g/5 uncijos/¾ puodelio polentos
5 ml/1 arbatinis šaukštelis druskos
125 ml / ¼ pt / 2/3 puodelio šalto vandens
600 ml/1 pt/2½ stiklinės verdančio vandens arba sultinio

Polentą ir druską sudėkite į 2 kvartų/3½ pt/8½ puodelio dubenį. Sklandžiai sumaišykite su šaltu vandeniu. Palaipsniui įmaišykite į verdantį vandenį arba sultinį. Atsistokite ant lėkštės, jei išsiliejo. Virkite neuždengę ant visos ugnies 7–8 minutes, kol labai sutirštės, keturis kartus pamaišydami. Uždenkite lėkšte ir prieš patiekdami leiskite pastovėti 3 minutes.

Ant grotelių kepta polenta

Tarnauja 6

Paruoškite kaip polentą. Kai iškeps, paskleiskite į 23 cm/9 cm kvadratinę formą, išteptą sviestu arba aliejumi. Išlyginkite viršų peiliu, panardintu į karštą vandenį ir iš jo. Šiek tiek uždenkite virtuviniu popieriumi ir leiskite visiškai atvėsti. Supjaustykite kvadratėliais, aptepkite alyvuogių arba kukurūzų aliejumi ir kepkite ant grotelių arba kepkite įprastu būdu iki auksinės rudos spalvos.

Polenta su pesto

Tarnauja 6

Ruoškite kaip ir polentą, bet įpilkite 20 ml/4 arbatinius šaukštelius raudono arba žalio pesto su verdančiu vandeniu.

Polenta su saulėje džiovintais pomidorais arba alyvuogių pasta

Tarnauja 6

Ruoškite kaip ir Polentą, bet įpilkite 45 ml/3 šaukštus saulėje džiovintų pomidorų arba alyvuogių pastos su verdančiu vandeniu.

quinoa

2-3 žmonėms

Gana naujiena, daug baltymų turintys dribsniai iš Peru su neįprastai traškia tekstūra ir šiek tiek dūmo skoniu. Jis dera su bet kokiu maistu ir yra naujas ryžių pakaitalas.

125 g / 4 uncijos / 2/3 puodelio quinoa
2,5 ml/½ arbatinio šaukštelio druskos
550 ml / 18 fl oz / 2 1/3 puodeliai verdančio vandens

Įdėkite quinoa į 1,75 kv./3 pt/7½ puodelio dubenį. Skrudinkite neuždengę pilnoje temperatūroje 3 minutes, vieną kartą pamaišydami. Įpilkite druskos ir vandens ir gerai išmaišykite. Virkite ant visos ugnies 15 minučių, keturis kartus pamaišydami. Uždenkite ir palikite pastovėti 2 minutes.

Rumuniška polenta

Tarnauja 4

Žinomas turtingas rumunų nacionalinis patiekalas – mamaliga.

1 kiekis polentos
75 g / 3 uncijos / 1/3 puodelio sviesto
4 šviežiai išvirti dideli kiaušiniai
100 g / 4 uncijos / 1 puodelis fetos sūrio, sutrupintas
150 ml/¼ pt/2/3 puodelio grietinės (pieninės grietinės).

Paruoškite polentą ir palikite inde, kuriame buvo virta. Išplakite pusę sviesto. Į keturias įkaitintas lėkštes supilkite lygias krūvas ir kiekvienoje padarykite įdubą. Įpilkite kiaušinių, pabarstykite sūriu ir aptepkite likusiu sviestu ir grietinėle. Valgyk dabar.

Languoti ryžiai

Tarnauja 4

Tinka prie daugumos Rytų ir Azijos patiekalų, ypač indiškų.

30 ml/2 šaukštai žemės riešutų aliejaus
2 svogūnai smulkiai supjaustyti
225 g/8 uncijos/1 puodelis basmati ryžių
2 maži lauro lapai
2 sveiki gvazdikėliai
4 kardamono ankščių sėklos
30–45 ml/2–3 šaukštai švelnaus kario miltelių
5 ml/1 arbatinis šaukštelis druskos
600 ml/1 pt/2½ stiklinės verdančio vandens arba daržovių sultinio

Supilkite aliejų į 2,25 litro/4 pt/10 puodelių indą. Kaitinkite neuždengtą ant visos ugnies 1 minutę. Įmaišykite svogūną. Virkite neuždengę pilnoje temperatūroje 5 minutes. Sumaišykite visus likusius ingredientus. Uždenkite maistine plėvele (plastikine plėvele) ir du kartus įrėžkite, kad išsiskirtų garai. Kepkite ant visos ugnies 15 minučių keturis kartus apversdami keptuvę. Leiskite pastovėti 2 minutes. Lengvai suapvalinkite šakute ir patiekite.

Šviežio sūrio ir ryžių troškinys

3-4 porcijoms

Puikus skonių ir tekstūrų derinys, atgabentas iš Šiaurės Amerikos prieš keletą metų.

225 g/8 uncijos/1 puodelis rudųjų ryžių
50 g/2 uncijos/¼ puodelio laukinių ryžių
1,25 litro / 2¼ taškai / 5½ puodeliai verdančio vandens
10 ml/2 arbatiniai šaukšteliai druskos
4 svogūnai, stambiai pjaustyti
1 mažas žalias čili, išskobtas ir susmulkintas
4 pomidorai, blanširuoti, nulupti ir supjaustyti griežinėliais
125 g grybų, supjaustytų griežinėliais
225 g/8 uncijos/1 puodelis varškės
75 g / 3 uncijos / ¾ puodelio čederio sūrio, tarkuoto

Ruduosius ir laukinius ryžius sudėkite į 2,25 litro / 4 pt / 10 puodelių puodą. Sumaišykite su vandeniu ir druska. Uždenkite maistine plėvele (plastikine plėvele) ir du kartus įrėžkite, kad išsiskirtų garai. Virkite ant visos ugnies 40–45 minutes, kol ryžiai taps purūs ir minkšti. Jei reikia, nusausinkite ir atidėkite. Į 1,75 kv./3 pt/7½ puodelio troškinimo indą (olandiška orkaitė) pakaitomis užpildykite ryžių, svogūnų, čili, pomidorų, grybų ir varškės sluoksniais. Storai apibarstykite tarkuotu čederiu. Kepkite neuždengtą ant visos ugnies 7 minutes, du kartus apversdami keptuvę.

Itališkas rizotas

2-3 žmonėms

2,5–5 ml / ½–1 arbatinis šaukštelis šafrano miltelių arba 5 ml / 1 arbatinis šaukštelis šafrano
50 g / 2 uncijos / ¼ puodelio sviesto
5 ml/1 arbatinis šaukštelis alyvuogių aliejaus
1 didelis svogūnas, nuluptas ir sutarkuotas
225 g/8 uncijos/1 puodelis lengvai paruošiamų rizoto ryžių
600 ml/1 pt/2½ stiklinės verdančio vandens arba vištienos sultinio
150 ml/¼ pt/2/3 puodelio sauso baltojo vyno
5 ml/1 arbatinis šaukštelis druskos
50 g / 2 uncijos / ½ puodelio tarkuoto parmezano sūrio

Jei naudojate šafrano siūlus, sutrinkite juos pirštais kiaušinių puodelyje su karštu vandeniu ir palikite 10-15 minučių. Pusę sviesto ir aliejaus sudėkite į 1,75 kv./3 pt/7½ puodelio troškinimo indą. Kaitinkite neuždengtą ant Atšildymo 1 minutę. Išmaišykite svogūną. Virkite neuždengę pilnoje temperatūroje 5 minutes. Sumaišykite ryžius, vandenį arba sultinį ir vyną bei šafrano siūlus su vandeniu arba šafrano milteliais. Uždenkite maistine plėvele (plastikine plėvele) ir du kartus įrėžkite, kad išsiskirtų garai. Virkite ant visos ugnies 14 minučių, tris kartus apversdami keptuvę. Šakute švelniai įmaišykite likusį sviestą, tada druską ir pusę parmezano sūrio. Virkite neuždengę ant visos ugnies 4-8 minutes, kas 2 minutes švelniai maišydami šakute, kol ryžiai sugers visą skystį. Virimo laikas priklausys nuo naudojamų ryžių.

Grybų rizotas

2-3 žmonėms

20 g džiovintų grybų, jei norite, kiaulienos grybus sulaužykite į mažesnius gabalėlius, gerai nuplaukite po šaltu tekančiu vandeniu ir 10 minučių pamerkite į verdantį vandenį arba vištienos sultinį, naudojamą itališkame rizoto recepte. Elkitės taip, kaip itališkam risotto.

Braziliški ryžiai

3-4 porcijoms

15 ml/1 valgomasis šaukštas alyvuogių arba kukurūzų aliejaus
30 ml/2 šaukštai džiovinto svogūno
225 g/8 uncijos/1 puodelis amerikietiškų ilgagrūdžių ryžių arba basmati ryžių
5–10 ml/1–2 arbatiniai šaukšteliai druskos
600 ml/1 pt/2½ stiklinės verdančio vandens
2 dideli pomidorai, blanširuoti, nulupti ir supjaustyti

Supilkite aliejų į 2 kv./3½ pt/8½ puodelio indą. Sudėkite džiovintą svogūną. Virkite neuždengtą ant visos ugnies 1¼ minutės. Sumaišykite visus likusius ingredientus. Uždenkite maistine plėvele (plastikine plėvele) ir du kartus įrėžkite, kad išsiskirtų garai. Kepkite ant visos ugnies 15 minučių keturis kartus apversdami keptuvę. Leiskite pastovėti 2 minutes. Lengvai suapvalinkite šakute ir patiekite.

Ispaniški ryžiai

Tarnauja 6

Šiaurės Amerikos patiekalas, turintis mažai ką bendro su Ispanija, išskyrus paprikas ir pomidorus! Valgykite su paukštienos ir kiaušinių patiekalais.

225 g/8 uncijos/1 puodelis lengvai paruošiami ilgagrūdžiai ryžiai
600 ml/1 pt/2½ stiklinės verdančio vandens
10 ml/2 arbatiniai šaukšteliai druskos
30 ml/2 šaukštai kukurūzų arba saulėgrąžų aliejaus
2 svogūnai smulkiai supjaustyti
1 žalia (babura) paprika, išskobta ir stambiai supjaustyta
400 g/14 oz/1 didelės skardinės pjaustytų pomidorų

Išvirkite ryžius vandenyje su puse druskos pagal instrukcijas. Laikykite karštą. Supilkite aliejų į 1,75 litro / 3 pt / 7½ puodelio indą. Kaitinkite neuždengtą ant visos ugnies 1 minutę. Įmaišykite svogūną ir pipirus. Virkite neuždengę ant visos ugnies 5 minutes, du kartus pamaišydami. Įmaišykite pomidorus. Kaitinkite neuždengę ant visos ugnies 3,5 minutės. Karštus ryžius šakute sumaišykite su likusia druska ir iškart patiekite.

Paprastas turkiškas plovas

Tarnauja 4

225 g/8 uncijos/1 puodelis lengvai paruošiamų rizoto ryžių
Verdantis vanduo arba daržovių sultinys
5 ml/1 arbatinis šaukštelis druskos
40 g / 1½ uncijos / 3 šaukštai sviesto

Ryžius išvirkite verdančiame vandenyje arba pasūdytame sultinyje pagal instrukcijas. Į dubenį ar indą įpilkite sviesto. Leiskite pastovėti 10 minučių. Išlankstykite ir apjuoskite šakute. Uždenkite lėkšte ir pakaitinkite ant visos ugnies 3 minutes.

Turtingas turkiškas plovas

Tarnauja 4

225 g/8 uncijos/1 puodelis lengvai paruošiamų rizoto ryžių
Verdantis vanduo
5 ml/1 arbatinis šaukštelis druskos
5 cm/2 cinamono lazdelės gabalėlyje
40 g / 1½ uncijos / 3 šaukštai sviesto
15 ml/1 valgomasis šaukštas alyvuogių aliejaus
2 svogūnai smulkiai supjaustyti
60 ml/4 šaukštai skrudintų pušies riešutų
25 g/1 uncijos ėrienos arba vištienos kepenėlės, supjaustytos mažais gabalėliais
30 ml/2 šaukštai serbentų arba razinų
2 pomidorai, blanširuoti, nulupti ir supjaustyti

Ryžius išvirkite vandenyje ir druskoje dideliame puode arba dubenyje pagal instrukcijas, pridėjus cinamono lazdelę. Atidėti. Įdėkite sviestą ir aliejų į 1,25 litro / 2¼ pt / 5½ puodelio dubenį ir neuždengę kaitinkite ant Full 1 minutę. Sumaišykite visus likusius ingredientus. Uždenkite lėkšte ir kepkite ant Full 5 minutes, du kartus pamaišydami. Švelniai šakute įmaišykite į karštus ryžius. Uždenkite kaip ir anksčiau ir pakaitinkite ant visos ugnies 2 minutes.

Tailandietiški ryžiai su citrinžole, laimo lapais ir kokosu

Tarnauja 4

Išskirtinio skanumo stebuklas, tinkantis prie visų tailandietiško stiliaus vištienos ir žuvies patiekalų.

250 g / 9 uncijos / didelis 1 puodelis tailandietiškų ryžių
400 ml / 14 fl oz / 1¾ puodeliai konservuoto kokosų pieno
2 švieži liepų lapai
1 citrinžolės peiliukas, perpjautas išilgai arba 15 ml/1 valgomasis šaukštas kapotų melisos lapelių
7,5 ml / 1½ šaukštelio druskos

Sudėkite ryžius į 1,5 litro/2½ pt/6 puodelio puodą. Supilkite kokosų pieną į matavimo indą ir įpilkite šalto vandens iki 600 ml/1 pt/2½ puodelio. Kaitinkite neuždengę ant visos ugnies 7 minutes, kol pradės burbuliuoti ir užvirs. Švelniai įmaišykite ryžius su visais likusiais ingredientais. Uždenkite maistine plėvele (plastikine plėvele) ir du kartus įrėžkite, kad išsiskirtų garai. Virkite pilnoje temperatūroje 14 minučių. Leiskite pastovėti 5 minutes. Atraskite ir pašalinkite citrinžolę, jei naudojate. Lengvai apvalykite šakute ir iškart valgykite šiek tiek minkštus ir lipnius ryžius.

Okra su kopūstais

Tarnauja 6

Įdomus dalykas iš Gabono, švelnus arba karštas, priklausomai nuo čili kiekio.

30 ml/2 šaukštai žemės riešutų aliejaus
450 g/1 svaro savojos kopūstų arba pavasarinių žalumynų, smulkiai pjaustytų
200 g / 7 uncijų okra (moterų pirštai), išmesti, susmulkinti ir supjaustyti gabalėliais
1 svogūnas, sutarkuotas
300 ml/½ pt/1¼ puodelio verdančio vandens
10 ml/2 arbatiniai šaukšteliai druskos
45 ml/3 šaukštai pušies riešutų, lengvai paskrudintų po grotelėmis (broileris)
2,5–20 ml/¼–4 šaukšteliai čili miltelių

Supilkite aliejų į 2,25 kv./4 pt/10 puodelių troškinimo indą (olandiška orkaitė). Įmaišykite žalumynus ir okra, tada likusius ingredientus. Gerai ismaisyti. Uždenkite maistine plėvele (plastikine plėvele) ir du kartus įrėžkite, kad išsiskirtų garai. Virkite pilnoje temperatūroje 7 minutes. Leiskite pastovėti 5 minutes. Virkite pilnoje temperatūroje dar 3 minutes. Jei reikia, nusausinkite ir patiekite.

Raudonasis kopūstas su obuoliu

Tarnauja 8

Puikus su karšta jautiena, žąsiena ir antiena, raudonieji kopūstai yra skandinaviškos ir šiaurės Europos kilmės, saldžiarūgštis ir dabar gana protingas garnyras, geriausiai tinka mikrobangų krosnelėje, kur išlieka sodrios rausvos spalvos.

900 g / 2 svarai raudonųjų kopūstų
450 ml / ¾ pt / 2 puodeliai verdančio vandens
7,5 ml / 1½ šaukštelio druskos
3 svogūnai smulkiai supjaustyti
3 virti obuoliai (tartu), nulupti ir sutarkuoti
30 ml/2 šaukštai šviesiai minkšto rudojo cukraus
2,5 ml/½ arbatinio šaukštelio kmynų
30 ml/2 šaukštai kukurūzų miltų (kukurūzų krakmolas)
45 ml/3 šaukštai salyklo acto
15 ml/1 valgomasis šaukštas šalto vandens

Nupjaukite kopūstą, pašalindami sumuštus ar pažeistus išorinius lapus. Supjaustykite į ketvirčius ir pašalinkite kietą centrinį stiebą, tada supjaustykite kuo smulkiau. Sudėkite į 2,25 litro / 4 pt / 10 puodelių indą. Įpilkite pusę verdančio vandens ir 5 ml/1 arbatinį šaukštelį druskos. Uždenkite lėkšte ir kepkite ant Full 10 minučių keturis kartus apversdami keptuvę. Gerai išmaišykite, tada įmaišykite likusį verdantį vandenį ir likusią druską, svogūnus, obuolius, cukrų ir kmynus. Uždenkite maistine plėvele (plastikine plėvele) ir du kartus įrėžkite, kad išsiskirtų garai. Kepkite ant visos ugnies 20 minučių keturis kartus apversdami keptuvę. Išimkite iš mikrobangų krosnelės. Kukurūzų miltus sklandžiai sumaišykite su actu ir šaltu vandeniu. Sudėkite į karštus kopūstus ir gerai išmaišykite. Virkite neuždengtą ant visos ugnies 10 minučių, tris kartus pamaišydami. Leiskite atvėsti prieš šaldydami per naktį. Norėdami patiekti, vėl uždenkite nauja maistine plėvele ir du kartus perpjaukite, kad išsiskirtų garai, tada prieš patiekdami pakaitinkite ant visos ugnies 5–6 minutes. Arba perkelkite porcijas į šonines lėkštes ir kiekvieną uždenkite virtuviniu popieriumi, tada kaitinkite atskirai ant Full 1 minutę.

Raudonieji kopūstai su vynu

Tarnauja 8

Paruoškite kaip raudonuosius kopūstus su obuoliais, bet pusę verdančio vandens pakeiskite 250 ml/8 fl uncijos/1 puodeliu raudonojo vyno.

Norvegiški rauginti kopūstai

Tarnauja 8

900 g/2 svarai baltųjų kopūstų
90 ml/6 šaukštai vandens
60 ml/4 šaukštai salyklo acto
60 ml/4 šaukštai granuliuoto cukraus
10 ml/2 arbatiniai šaukšteliai kmynų
7,5–10 ml/1½–2 arbatiniai šaukšteliai druskos

Nupjaukite kopūstą, pašalindami sumuštus ar pažeistus išorinius lapus. Supjaustykite į ketvirčius ir pašalinkite kietą centrinį stiebą, tada supjaustykite kuo smulkiau. Sudėkite į 2,25 litro/4 pt/10 puodelių indą su visais likusiais ingredientais. Gerai išmaišykite dviem šaukštais. Uždenkite maistine plėvele (plastikine plėvele) ir du kartus įrėžkite, kad išsiskirtų garai. Kepkite ant Atšildymo 45 minutes, keturis kartus apversdami keptuvę. Palikite kambario temperatūroje per naktį, kad subręstų skoniai. Kad patiektumėte, atskiras porcijas išdėliokite ant šoninių lėkščių ir uždenkite virtuviniu popieriumi. Atskirai pašildykite iki galo, kiekvieną palikdami apie 1 minutę. Sandariai uždenkite, o likučius atšaldykite.

Troškinta okra su pomidorais, graikišku stiliumi

Tarnauja 6-8

Labai nežymiai rytietiško pobūdžio, šis šiek tiek neįprastas daržovių patiekalas tapo perspektyviu pasiūlymu dabar, kai okra (damų piršteliai) yra lengviau prieinama. Šis receptas puikiai tinka su ėriena arba kaip savarankiškas patiekalas, patiekiamas su ryžiais.

900 g / 2 lb okra, viršus ir uodega
Druska ir šviežiai malti juodieji pipirai
90 ml/6 šaukštai salyklo acto
45 ml/3 šaukštai alyvuogių aliejaus
2 svogūnai, nulupti ir smulkiai pjaustyti
6 pomidorai, blanširuoti, nulupti ir stambiai supjaustyti
15 ml/1 valgomasis šaukštas šviesiai minkšto rudojo cukraus

Paskleiskite okra ant didelės plokščios lėkštės. Kad sumažintumėte tikimybę, kad okra suskils ir taps gleivinga, pabarstykite ją druska ir actu. Leiskite pastovėti 30 minučių. Nuplaukite ir išdžiovinkite virtuviniu popieriumi. Supilkite aliejų į 2,5 litro/4½ pt/11 puodelio puodą ir suberkite svogūną. Virkite neuždengę ant visos ugnies 7 minutes tris kartus pamaišydami. Sumaišykite visus likusius ingredientus, įskaitant okra, ir pagal skonį pagardinkite. Uždenkite lėkšte ir virkite ant visos ugnies 9–10 minučių tris ar keturis kartus maišydami, kol okra suminkštės. Prieš patiekdami leiskite pastovėti 3 minutes.

Žalumynai su pomidorais, svogūnais ir žemės riešutų sviestu

Tarnauja 4-6

Išbandykite šį Malavijos patiekalą su pjaustyta balta duona kaip pagrindinį vegetarišką patiekalą arba patiekite kaip garnyrą su vištiena.

450 g/1 svaro pavasario žalumynai (apykaklės žalumynai), smulkiai supjaustyti
150 ml / ¼ pt / 2/3 puodelio verdančio vandens
5–7,5 ml/1–1½ šaukštelio druskos
4 pomidorai, blanširuoti, nulupti ir supjaustyti griežinėliais
1 didelis svogūnas smulkiai pjaustytas
60 ml/4 šaukštai traškaus žemės riešutų sviesto

Sudėkite žalumynus į 2,25 litro / 4 pt / 10 puodelių indą. Sumaišykite su vandeniu ir druska. Uždenkite maistine plėvele (plastikine plėvele) ir du kartus įrėžkite, kad išsiskirtų garai. Virkite pilnoje temperatūroje 20 minučių. Išskleiskite ir sumaišykite su pomidorais, svogūnais ir žemės riešutų sviestu. Uždenkite kaip anksčiau ir virkite ant visos ugnies 5 minutes.

Saldžiarūgštis burokėlių kremas

Tarnauja 4

Toks patrauklus burokėlių pateikimo būdas atsirado 1890 m., tačiau šiuo metu vėl grįžta į madą.

450 g virtų burokėlių, stambiai sutarkuotų
150 ml/¼ pt/2/3 puodelio dvigubos (tirštos) grietinėlės
Druska
15 ml/1 valgomasis šaukštas acto
30 ml/2 šaukštai demeraro cukraus

Burokėlius sudėkite į 900 ml/1½ pt/3¾ puodelio dubenį su grietinėle ir druska pagal skonį. Uždenkite lėkšte ir pakaitinkite pilnoje temperatūroje 3 minutes, vieną kartą pamaišydami. Įmaišykite actą ir cukrų ir nedelsdami patiekite.

Burokėliai apelsinų spalvos

Tarnauja 4-6

Gyvas ir originalus priedas prie kalėdinės mėsos ir paukštienos.

450 g virtų burokėlių (burokėlių), nuluptų ir supjaustytų griežinėliais
75 ml/5 šaukštai šviežiai spaustų apelsinų sulčių
15 ml/1 valgomasis šaukštas salyklo acto
2,5 ml/½ arbatinio šaukštelio druskos
1 skiltelė česnako, nulupta ir susmulkinta

Burokėlius sudėkite į negilų 18 cm/7 skersmens indą. Sumaišykite likusius ingredientus ir supilkite ant burokėlių. Uždenkite maistine plėvele (plastikine plėvele) ir du kartus įrėžkite, kad išsiskirtų garai. Kepkite iki galo 6 minutes tris kartus apversdami keptuvę. Leiskite pastovėti 1 minutę.

Salierai su lukštais

Tarnauja 6

Puikus gurmaniško stiliaus žiemos garnyras, tinkantis prie žuvies ir paukštienos.

4 plonos šoninės griežinėliai, susmulkinti
900 g salierų (saliero šaknis)
300 ml/½ pt/1¼ puodelio šalto vandens
15 ml/1 valgomasis šaukštas citrinos sulčių
7,5 ml / 1½ šaukštelio druskos
300 ml / ½ pt / 1¼ puodelio vienkartinės (lengvos) grietinėlės
1 mažas maišelis traškučių (traškučių), sutrintas maišelyje

Šoninę dėkite į lėkštę ir uždenkite virtuviniu popieriumi. Virkite ant visos ugnies 3 minutes. Salierą storai nulupkite, gerai nuplaukite ir kiekvieną galvą supjaustykite į aštuonias dalis. Įdėkite į 2,25 litro / 4 pt / 10 puodelių dubenį su vandeniu, citrinos sultimis ir druska. Uždenkite maistine plėvele (plastikine plėvele) ir du kartus įrėžkite, kad išsiskirtų garai. Kepkite ant visos ugnies 20 minučių keturis kartus apversdami keptuvę. Nusausinkite. Supjaustykite salierą ir grąžinkite į dubenį. Sumaišykite šoninę ir grietinėlę ir pabarstykite traškučiais. Kepkite neuždengtą ant visos ugnies 4 minutes, du kartus apversdami keptuvę. Prieš patiekdami leiskite pastovėti 5 minutes.

Salierai su apelsinų olandų padažu

Tarnauja 6

Salierai su nuostabiai auksiniu, žvilgančiu citrusiniu Hollandaise padažu, kurį galima išbandyti su antiena ir žvėriena.

900 g salierų (saliero šaknis)
300 ml/½ pt/1¼ puodelio šalto vandens
15 ml/1 valgomasis šaukštas citrinos sulčių
7,5 ml / 1½ šaukštelio druskos
Maltos padažas
1 labai saldus apelsinas, nuluptas ir supjaustytas griežinėliais

Salierą storai nulupkite, gerai nuplaukite ir kiekvieną galvą supjaustykite į aštuonias dalis. Įdėkite į 2,25 litro / 4 pt / 10 puodelių dubenį su vandeniu, citrinos sultimis ir druska. Uždenkite maistine plėvele (plastikine plėvele) ir du kartus įrėžkite, kad išsiskirtų garai. Kepkite ant visos ugnies 20 minučių keturis kartus apversdami keptuvę. Nusausinkite. Supjaustykite salierą ir grąžinkite į dubenį.

Laikykite karštą. Pasigaminkite maltiečių padažą ir šaukštu uždėkite ant salierų. Papuoškite apelsinų skiltelėmis.

Lieknina daržovių puodą

Tarnauja 2

Paruoškite kaip Slimmer's Fish Pot, bet praleiskite žuvį. Į virtas daržoves su prieskoniais ir žolelėmis suberkite 2 kubeliais pjaustytų avokadų minkštimą. Uždenkite ir pakaitinkite ant visos ugnies 1,5 minutės.

Lieknina daržovių puodą su kiaušiniais

Tarnauja 2

Paruoškite kaip ir Slimmer's Vegetable Pot, bet kiekvieną porciją užpilkite 1 kapotu kietai virtu (kietai virtu) kiaušiniu.

Troškinys

Tarnauja 6-8

Viduržemio jūros regiono skonių ir spalvų sprogimas yra neatsiejama šio nuostabaus daržovių puodo dalis. Karšta, šalta ar šilta – atrodo, tinka prie visko.

60 ml/4 šaukštai alyvuogių aliejaus
3 svogūnai, nulupti ir stambiai pjaustyti
1-3 sutrintos česnako skiltelės
225 g/8 uncijos cukinijos (cukinijos), plonai supjaustytos
350 g / 12 uncijos / 3 puodeliai pjaustytų baklažanų (baklažanų)
1 didelė raudona arba žalia (babura) paprika, išskobta ir susmulkinta
3 prinokę pomidorai, nulupti, blanširuoti ir supjaustyti
30 ml/2 šaukštai pomidorų tyrės (pasta)
20 ml/4 arbatiniai šaukšteliai šviesiai minkšto rudojo cukraus
10 ml/2 arbatiniai šaukšteliai druskos
45–60 ml/3-4 šaukštai kapotų petražolių

Supilkite aliejų į 2,5 litro/4½ pt/11 puodelių indą. Kaitinkite neuždengtą ant visos ugnies 1 minutę. Sumaišykite svogūną ir česnaką. Virkite neuždengtą pilnoje temperatūroje 4 minutes. Sumaišykite visus likusius ingredientus, išskyrus pusę petražolių. Uždenkite lėkšte ir kepkite ant Full 20 minučių tris ar keturis kartus pamaišydami. Atidenkite ir virkite ant visos ugnies 8-10 minučių keturis kartus pamaišydami, kol išgaruos didžioji dalis skysčio. Įmaišykite likusias petražoles. Patiekite iš karto arba atšaldykite, uždenkite ir atvėsinkite, jei valgysite vėliau.

Karamelizuoti pastarnokai

Tarnauja 4

Idealiai tinka prie visų paukštienos ir jautienos kepsnių, tam rinkitės jaunus pastarnokus, ne didesnius nei didelė morka.

450 g smulkių pastarnokų, supjaustytų plonais griežinėliais
45 ml/3 šaukštai vandens
25 g / 1 uncija / 2 šaukštai sviesto
7,5 ml/1½ šaukšto tamsiai minkšto rudojo cukraus
Druska

Pastarnokus sudėkite į 1,25 litro/2¼ pt/5½ puodelio vandens puodą. Uždenkite maistine plėvele (plastikine plėvele) ir du kartus įrėžkite, kad išsiskirtų garai. Virkite ant visos ugnies 8–10 minučių, apversdami keptuvę ir du kartus švelniai purtydami turinį, kol suminkštės. Nupilkite vandenį. Suberkite sviestą ir cukrų, o pastarnokus gerai išmaišykite. Kaitinkite neuždengtą ant visos ugnies 1–1,5 minutės, kol taps vientisa. Pabarstykite druska ir iškart valgykite.

Pastarnokas su kiaušinių padažu ir trupintu sviestu

Tarnauja 4

450 g/1 svaro pastarnokai, supjaustyti kubeliais
45 ml/3 šaukštai vandens
75 g / 3 uncijos / 1/3 puodelio nesūdyto (saldaus) sviesto
4 svogūnai, smulkiai pjaustyti
45 ml/3 šaukštai lengvai skrudintų džiūvėsėlių
1 kietai virtas (kietai virtas) kiaušinis, tarkuotas
30 ml/2 šaukštai smulkiai pjaustytų petražolių
½ mažos citrinos sultys

Pastarnokus sudėkite į 1,5 litro/2½ pt/6 puodelio vandens puodą. Uždenkite maistine plėvele (plastikine plėvele) ir du kartus įrėžkite, kad išsiskirtų garai. Virkite pilnoje temperatūroje 8-10 minučių. Palikite pastovėti, kol ruošite padažą. Sviestą sudėkite į matavimo ąsotį ir neuždengtą ištirpinkite ant atitirpinimo 2–2,5 minutės. Įmaišykite svogūną ir kepkite neuždengę ant Atšildymo 3 minutes, du kartus pamaišydami. Sumaišykite visus likusius ingredientus ir kaitinkite ant Defrost 30 sekundžių. Pastarnokus nusausinkite ir perkelkite į šiltą serviravimo indą. Aptepkite trupinių padažu ir nedelsdami patiekite.

Fondiu

Tarnauja 4-6

Itališka sūrio fondiu versija, pernelyg sultinga.

Ruoškite kaip sūrio fondiu, bet pakeiskite itališku Fontina sūriu Gruyère (Šveicarijos) ir Ementalio sūriu, sausu baltuoju itališku Mozelio vynu ir Marsala Kirsch.

Lengvas sūrio ir pomidorų fondiu

Tarnauja 4-6

225 g / 8 uncijos / 2 puodeliai subrendusio Čedaro sūrio, tarkuoto
125 g / 4 uncijos / 1 puodelis Lancashire arba Wensleydale sūrio, sutrupintas
300 ml/10 fl oz/1 skardinė kondensuota pomidorų sriuba
10 ml/2 šaukštelis Vusterio padažo

Šiek tiek aitriųjų pipirų padažo
45 ml/3 šaukštai sauso šerio
Pašildyta čiabatos duona, patiekimui

Visus ingredientus, išskyrus cheresą, sudėkite į 1,25 litro / 2¼ pt / 5½ puodelio stiklinį arba trintuvą. Virkite neuždengtą atšildymo režimu 7–9 minutes tris ar keturis kartus maišydami, kol fondiu sutirštės.
Išimkite iš mikrobangų krosnelės ir įmaišykite cheresą. Valgykite su šiltos čiabatos duonos gabalėliais.

Lengvas sūrio ir salierų fondiu

Tarnauja 4-6

Paruoškite kaip ir netikrą sūrio ir pomidorų fondiu, bet kondensuotą salierų sultinį pakeiskite pomidorų sultiniu ir vietoje šerio pagardinkite džinu.

Itališkas sūris, grietinėlė ir kiaušinių fondiu

Tarnauja 4-6

1 skiltelė česnako, susmulkinta
50 g/2 uncijos/¼ puodelio nesūdyto (saldaus) sviesto, kambario temperatūros
450 g / 1 svaras / 4 puodeliai Fontina sūrio, tarkuoto
60 ml/4 šaukštai kukurūzų miltų (kukurūzų krakmolas)
300 ml / ½ pt / 1¼ puodelio pieno
2,5 ml/½ arbatinio šaukštelio tarkuoto muskato riešuto
Druska ir šviežiai malti juodieji pipirai
150 ml/¼ pt/2/3 puodelio plakamos grietinėlės
2 kiaušiniai, sumušti
Itališkos duonos kubeliai, patiekimui

Sudėkite česnaką, sviestą, sūrį, kukurūzų miltus, pieną ir muskato riešutą į gilų 2,5 kv./4½ pt/11 puodelio stiklinį arba keraminį dubenį.

Sezonas pagal pageidavimą. Virkite neuždengtą ant visos ugnies 7-9 minutes, keturis kartus pamaišydami, kol fondiu pradės šiek tiek burbuliuoti. Išimkite iš mikrobangų krosnelės ir įmaišykite grietinėlę. Virkite neuždengę pilnoje temperatūroje 1 minutę. Išimkite iš mikrobangų krosnelės ir palaipsniui įmaišykite kiaušinius. Patiekite su itališka duona panardinimui.

Fondu olandų ūkyje

Tarnauja 4-6

Minkštas ir subtilus fondiu, pakankamai švelnus vaikams.

1 skiltelė česnako, susmulkinta
15 ml/1 valgomasis šaukštas sviesto
450 g / 1 svaras / 4 puodeliai Gouda sūrio, tarkuoto
15 ml/1 valgomasis šaukštas kukurūzų miltų (kukurūzų krakmolas)
20 ml/4 arbatiniai šaukšteliai garstyčių miltelių
Žiupsnelis tarkuoto muskato riešuto
300 ml/½ pt/1¼ puodelio nenugriebto pieno
Druska ir šviežiai malti juodieji pipirai
Duonos kubeliai, patiekimui

Sudėkite visus ingredientus į gilų 2,5 kv./4½ pt/11 puodelio stiklinį arba keraminį indą, gerai pagardinkite pagal skonį. Virkite neuždengtą ant visos ugnies 7-9 minutes, keturis kartus pamaišydami, kol fondiu pradės šiek tiek burbuliuoti. Padėkite patiekalą ant stalo ir valgykite ant ilgos fondiu šakutės susmeigę duonos kubelį, panardindami jį į sūrio mišinį, tada išimdami.

Fermos fondu su spyriu

Tarnauja 4-6

Ruoškite kaip olandišką Farmhouse Fondue, bet išvirę įmaišykite 30–45 ml/2–3 šaukštus Genever (olandų džino).

www.ingramcontent.com/pod-product-compliance
Lightning Source LLC
Chambersburg PA
CBHW070404120526
44590CB00014B/1246